Djangbeye Evariste Guelngar

Mon identité

Djangbeye Evariste Guelngar

Mon identité

S'approprier sa vraie identité telle revelée par Dieu

Éditions Croix du Salut

Impressum / Mentions légales
Bibliografische Information der Deutschen Nationalbibliothek: Die Deutsche Nationalbibliothek verzeichnet diese Publikation in der Deutschen Nationalbibliografie; detaillierte bibliografische Daten sind im Internet über http://dnb.d-nb.de abrufbar.
Alle in diesem Buch genannten Marken und Produktnamen unterliegen warenzeichen-, marken- oder patentrechtlichem Schutz bzw. sind Warenzeichen oder eingetragene Warenzeichen der jeweiligen Inhaber. Die Wiedergabe von Marken, Produktnamen, Gebrauchsnamen, Handelsnamen, Warenbezeichnungen u.s.w. in diesem Werk berechtigt auch ohne besondere Kennzeichnung nicht zu der Annahme, dass solche Namen im Sinne der Warenzeichen- und Markenschutzgesetzgebung als frei zu betrachten wären und daher von jedermann benutzt werden dürften.

Information bibliographique publiée par la Deutsche Nationalbibliothek: La Deutsche Nationalbibliothek inscrit cette publication à la Deutsche Nationalbibliografie; des données bibliographiques détaillées sont disponibles sur internet à l'adresse http://dnb.d-nb.de.
Toutes marques et noms de produits mentionnés dans ce livre demeurent sous la protection des marques, des marques déposées et des brevets, et sont des marques ou des marques déposées de leurs détenteurs respectifs. L'utilisation des marques, noms de produits, noms communs, noms commerciaux, descriptions de produits, etc, même sans qu'ils soient mentionnés de façon particulière dans ce livre ne signifie en aucune façon que ces noms peuvent être utilisés sans restriction à l'égard de la législation pour la protection des marques et des marques déposées et pourraient donc être utilisés par quiconque.

Coverbild / Photo de couverture: www.ingimage.com

Verlag / Editeur:
Éditions Croix du Salut
ist ein Imprint der / est une marque déposée de
AV Akademikerverlag GmbH & Co. KG
Heinrich-Böcking-Str. 6-8, 66121 Saarbrücken, Deutschland / Allemagne
Email: info@editions-croix.com

Herstellung: siehe letzte Seite /
Impression: voir la dernière page
ISBN: 978-3-8416-9840-7

Copyright / Droit d'auteur © 2012 AV Akademikerverlag GmbH & Co. KG
Alle Rechte vorbehalten. / Tous droits réservés. Saarbrücken 2012

Mon identité

N'Djaména

Table des Matières

Les caractères forgés aU travers LE quotidien 5
    Témoignage 1 5
    Témoignage 2 6
    Témoignage 3 6
    Témoignage 4 7
    Témoignage 5 7
    Témoignage 6 8
    Témoignage 7 9
L'HOMME AVANT LA CHUTE 14
TU ES REDEVENU ENFANT DE DIEU 18
    1. Ton passé est définitivement passé 18
    2. Tu es à jamais pardonné 19
LES MANIGANCES DU DIABLE 21
LE BAPTEME D'EAU 25
    1. Le baptême de Lydie 27
    2. Le baptême du Geôlier 28
LA NECESSITE DU BAPTEME DU SAINT-ESPRIT 30
    1. Les samaritains baptisés dans la Saint-Esprit 32
    2. Exemple des Ephésiens 33
        Témoignage 35
LE BAPTEME DU SAINT-ESPRIT SELON LA BIBLE 37
    1. Imposition des mains 38
    2. La visitation du Saint-Esprit 39
        Témoignage 40

CE QUE TU ES EN JESUS..42

    1. Enfant de Dieu..42

    2. Temple de Dieu..42

    3. Ouvrier de Dieu...42

    4. Tu as tout en Jésus..43

    5. Tu as du prix aux de l'Eternel..43

    6. Tu es un affranchi...43

    7. Tu es victorieux..44

        Témoignage...45

    8. Tu es justice de Dieu...46

VAINCRE LES BLESSURES..47

        Témoignage...50

REPRENDRE SA PLACE...53

LE DEFI RELEVER..56

RACHETER POUR RACHETER..62

POURQUOI LES DIFFICULTES...68

VAINCRE LES DIFFICULTES EN TANT QUE VAINQUEUR.......72

LES CARACTÈRES FORGÉS À TRAVERS LE QUOTIDIEN

Témoignage 1

Pourquoi toujours moi ? Pourquoi pas les autres ? Qu'ai-je fait de mal pour pouvoir mériter toutes ces souffrances ? Tout ce que je construis s'écroule aussitôt. Rien de ce que j'entreprends ne semble réussir, j'ai l'impression que toutes mes entreprises sont fondées sur le sable. Je vais d'échec en échec, la réussite ne me connait pas et moi, je ne la connais non plus. Les gens parlent du bonheur et semblent même la vivre, ils croquent la vie à belle dent comme le dirait quelqu'un, mais pour moi, ce mot bonheur est une illusion. Dites-moi pour quoi suis-je donc née ? Pourquoi ? Pourquoi ? Pourquoi ?

Autour de moi, je vois les brigands, les criminels et les méchants prospérer et sont heureux ; oui mêmes les hors la loi sont tranquilles et vivent sans inquiétudes dans ce monde qu'ils ont fini par vaincre par leur cruauté.

La vie est remplie de complexités et de contradictions que je n'arrive plus à la comprendre, vivre ne m'intéresse plus. Je parle de vivre comme si je vis vraiment, ce que je mène ne mérite pas d'être appelé vie. C'est contre vent et marais que je me bats nuit et jour, c'est ce qu'on aurait pu appeler l'instinct de vivre, alors je ne vie vraiment pas, j'essaies de survivre pendant que tout est réuni pour que je cesse d'exister.

Arrêter de faire semblant de vivre et mettre fin à ce scénario ne serait-il pas vraiment la solution ? La mort saura surement me soulager. A présent, tout mon être désire partir, partir, partir loin d'ici, partir loin de moi-même, partir là où l'on ne parlera plus de moi, partir là où, mon passé sera oublié et je respirerai un vent nouveau, oui partir là où l'on ne parle pas de quelqu'un à quelqu'un, j'aimerai partir là où le temps n'existe pas,là où, l'on ne se bat pas contre le temps. La mort m'est préférable que la vie.

Aidez-moi à partir sans vous faire du mal. Et quand je serai sur le point de partir, ne versez pas de larmes de crocodiles, arrêtez de manifester l'hypocrisie mais déclarez à tous ceux qui veulent bien écouter mon témoignage ceci : « nous sommes enfin soulagés et nous pourrions dorénavant nous reposer par ce départ si intéressant, car il nous quitte vraiment enfin. Que la terre lui soit encore plus dure que la vie qu'il a menée ici bas. » ce sera là être vrai avec son âme et conscience que d'aller sur ma

tombe arranger des beaux verbes comme si de mon vivant j'avais réellement attiré votre attention.
Doumdéoudjé

Témoignage 2

Mon cœur n'a jamais expérimenté l'amour, il n'a jamais goûté à cet amour authentique dont beaucoup en parle. De déception en déception, j'y vais. Personne ne m'a aimé, personne ne me prête attention au point où je me demande si le monde sait que j'existe quelque part sur cette planète. Y'a-t-il quelqu'un qui s'intéresse à moi ? Y'a-t-il quelqu'un qui m'aime ? Les animaux sont aimés, ils reçoivent les caresses de leurs maitres. On les entretient en prenant soin d'eux, on fait attention à tout ce qu'ils font et à leur désirs. On les appelle en leurs noms et ils reçoivent la place qu'il faut dans leur environnement. Ils sont protégés, ils ont même les avocats à leur disposition au cas où ils se s'enteraient menacés. Des budgets sont mêmes votés pour eux afin d'assurer leur bien-être tant sur le plan mental que physique.

Au su de toutes ces réalités, dites moi suis-je dans quel camp ? Ai-je vraiment de place avec les humains ou avec les animaux ?
Biakzabo

Témoignage 3

Je suis 'arrivé' comme le dirait le monde d'aujourd'hui car j'ai tout ce qu'il me faut, je ne manque absolument de rien. Mes ordres sont à la lettre obéis. Mes désirs et mes besoins sont honorés à tel point que je n'ai pas connu de déceptions. D'ailleurs je suis très mal placé pour vous expliquer le mot souffrance. J'ai été élevé dans l'abondance et dans l'opulence et les gens étaient toujours à mes cotés pour répondre à mes besoins. Toutes mes demandes me sont accordées sans hésitations. J'ai plein d'amis et beaucoup désirent s'accrocher à moi, toutes mes paroles sont les bienvenues car personne ne peut les contester.

La sagesse, l'intelligence et la connaissance, c'est moi. J'ai tout, je ne manque de rien, mais au-delà de toute cette condition d'aisance, je me rends compte qu'il me manque quelque chose. Je ne connais pas exactement ce qui comblerait ce vide qui est en moi. J'ai conscience qu'il y'a un vide énorme en moi. Un vide qui au fur et à mesure que je vis, grandi lui aussi en toutes dimensions. Je suis envahi par une peur inexprimable et je crois que si rien

n'est fait, je tomberai dans ce vide crée en mon fort intérieur. Y'a-t-il quelqu'un qui pourra m'aider ? Comment combler ce vide ? Je n'ai pas besoin d'argent ni d'autre chose quelle qu'elle soit car j'ai tout ce que je devrai avoir. Mais ce vide, s'emble être plus fort que moi. Aimez-moi s'il vous plait, je vous en supplie, j'ai besoin d'amour, aimez-moi.
Francis

Témoignage 4

Moi, pardonner? Jamais! Pardonner, c'est un acte de faiblesse, pardonner, ce sont bien les lâches qui usent de cela pour mieux dissimuler leur peur. Pardonner, c'est reconnaître sa faute quand bien même l'on n'a pas tord. Moi, aimer ? Jamais ! Vous ne cesser de me parler d'aimer et vous me demander d'aimer. Comprenez-vous qu'aimer c'est accepter un jour de supporter la déception, c'est apprendre à mourir à petit feu ? Qui aime s'attend un jour à une grande déception car malheureusement la vie est faite ainsi.

Aucune personne n'est digne de confiance sur cette terre. Aucune je vous assure, aucune, y compris moi. Oh les hommes ! Ils sont tous pareils. J'avais fait confiance avec tout mon être mais j'ai été lamentablement déçu. Les mêmes qui parlaient bien de moi et qui m'appréciaient, aujourd'hui, ils me tournent le dos et disent qu'il n'ya eu de plus mauvais que moi sur cette terre. Disent-ils que je suis l'incarnation du mal. Ceux que j'ai aimés et qui en retour m'ont témoigné de leur amour, aujourd'hui me haïssent à mort et veulent partout les moyens m'ôter la vie, ils feraient tout pour m'arracher la vie s'ils avaient eu l'occasion.

Aujourd'hui, on me traite de tout. Je n'ai aucune beauté à leurs yeux, alors qu'hier encore, ils m'admiraient. Ils interdissent mêmes à ceux qui ont encore de sympathie pour moi de me rendre visite. Que suis-je donc devenue ? Le ciel m'est-il tombé sur la tête ?
Isabelle

Témoignage 5

Quoi ? Me parles-tu d'être chrétien ? Arrêtes de me tourmenter. J'ai décidé de croire à un être suprême, un point et c'est tout. Je n'ai jamais aussi rencontré des hypocrites bien nés tels que j'en ai vus dans les Eglises. S'il ya des méchants, des sorciers, des devins et de tous les autres noms que vous pouvez nommer, c'est bien dans les églises qu'on peut les trouver.

C'est dans des églises qu'ils trouvent leur cachot. Ils y sont et ne s'inquiètent de rien comme si ce Dieu que nous prétendons adorer, n'a pas des yeux pour les voir ni des oreilles pour entendre leurs blasphèmes. Aujourd'hui, dans vos Eglises, les gens s'autoproclament : Prophètes, apôtres…sans être réellement appelés par ce Dieu qu'ils croient adorer. On y trouve que des pourritures. les cupides, les orgueilleux, et les impudiques, bizarrement, ce sont eux qui dirigent de nos jours les églises. Vous me demandez d'aller me joindre à eux, n'êtes vous pas satisfaits de ce que je suis ?D'ailleurs mes propres problèmes me cassent tellement la tête. Je n'ai pas envie d'aller là-bas m'étouffer de bêtises des autres.

Une chose : ne criez pas oh voleurs! Oh immoral ! Commencez d'abord par nettoyer l'impureté dans vos églises. Que vos pasteurs et vos soit disant prophètes et évangélistes arrêtent avec leur sorcellerie notoire. Parlant des prophètes, je me moque bien de cela ; des prophètes parlant d'eux-mêmes et communiquant rien que leurs pensées et désirs aux peuples de Dieu, les embobinant dans des mensonges tragiques. Je crois bien aux prophètes et j'aimerai bien les entendre encore aujourd'hui mais les contrefaçons et la réalité sur la fin de temps m'amène à être très vigilent et surtout : « le discernement ». Que vos bouffeurs des âmes et des dimes cessent d'offenser ce Dieu tout puissant qu'ils prétendent adorer et qu'ils laissent en paix les fideles de Dieu. Plus d'arnaques, plus de pressions, plus d'étouffements, plus d'absolutisme et vous verrez que l'Eglise sera belle.

Unifiez l'Eglise et permettez au Saint-Esprit que vous avez tenu captif dans vos organisations de se mouvoir et de prendre possession de vos corps. Laissez lui vous enseigner, vous convaincre de vos péchés, du jugement de Dieu et de sa justice. C'est à cette condition et à ce moment là seulement que j'aurai le plaisir de vous écouter.

En attendant ce temps qui j'ose croire ne viendra jamais à cause de vos cœurs qui sont fermés aux touches du Saint-Esprit et à cause de culte de l'homme devenu normal dans les églises, laissez moi tranquille dans mon coin. Je connais Dieu, je l'aime, c'est mon essentiel. Fichez-moi la paix je vous en prie.
Siméon

Témoignage 6

Ma fille, j'ai connu Dieu pendant que tu n'étais pas encore née. Tes parents étaient encore des gamins en ce temps là. J'ai servi Dieu avec toute ma force et j'ai tout fait pour Lui. Aujourd'hui ma fille, les choses sont devenues très compliquées alors j'ai décidé de revenir à la croyance de mes ancêtres. Tu me diras sûrement que je n'ai pas cru et que je n'avais aucune base, loin de là. C'est compliqué ma fille, vraiment compliqué. Ceux qui se prenaient pour des SAINTS aujourd'hui, on peut écouter et lire dans les medias leurs œuvres dans les coulisses. La pédophilie, harcèlement sexuel, viol, bestialité, voilà les services qu'ils nous rendent et rendent maintenant à Dieu qu'ils pensent adorer. Je suis baptisé et confirmé. Ma première communion, je l'ai prise entre les mains de mon Père Jean-Claude. Ma fille, tu es encore très petite et tu ne peux comprendre la profondeur de ce que je suis en train de te dire, tu ne peux pas non plus mesurer ma déception, cependant je te souhaite beaucoup de courages.

Je me sens mieux avec les dieux de mes ancêtres qu'avec celui que ces blancs nous ont imposé, d'ailleurs en toute franchisse je ne le connais même pas. Avec ceux de mes ancêtres, je n'ai de comptes à rendre à personne.
Augustin

Témoignage 7

Oh mon gars ! Laisses moi vivre avec les autres, quand je serai vieille, je songerai à ce Dieu et je ferrai attention à ma conduite. Je suis très jeune pour mettre mon nez dans les choses de Dieu. Lui-même n'a-t-il pas dit : « jeune, réjouis-toi dans ta jeunesse » ? Je suis une belle fille pourquoi aller me cacher dans les Eglises ? des belles choses, ne sont-elles pas faites pour êtres vues et pour servir ? Laisses-moi monter, mon étoile ne commence à peine de briller.

Je suis la star du monde. Partout les gens ne font que parler de moi. S'il te plait n'arrête pas ma destinée avec ton histoire de Jésus. Tu constitues un danger pour mon avenir. Eh Jo ! Nous sommes évolués là ! Je suis branchée moi ! Entre nous, dis moi qu'est-ce que tu fou là-bas avec ces gens qui refusent de vivre la réalité ? Ils t'ont envoûté ou voulant cacher tes manquements et faiblesses, tu as préféré avoir refuge auprès de Dieu. Tu es si beau, ta place n'est pas là-bas avec ces vieux. Un conseil, suis les désirs de ton cœur, cherche à aimer et laisses-toi aimer. Tu perds ton temps. Je n'ai pas de temps moi, ok ?
Chistabelle

****

****

   Telles sont les expressions des gens fatigués de la vie, et fatigués de la religion, exténués de tout. La vie et la religion, n'ont pas pu donner à l'homme ce qui lui manque au contraire, la religion a surchargé l'homme au point où il est étouffé. Comme des esclaves, les adeptes des religions aspirent vivent à la liberté. Il faut se dire qu'en réalité, Christ n'a pas apporté une religion aux hommes, il a plutôt montré le chemin de la vie à suivre, la chrétienté, n'est pas une religion mais un mode de vie, un style de vie ; c'est la vie du royaume céleste. La religion détruit, cause d'amertume et égorge ses adeptes pendant que la chrétienté donne la vie. C'est dans ce contraste des événements que Jésus confrontait ses interlocuteurs et il pouvait dire : « je suis le bon Berger. Le bon Berger donne sa vie pour ses brebis. Mais le mercenaire qui n'est pas le berger, et à qui n'appartiennent pas les brebis, voit venir le loup, abandonne les brebis, et prend la fuite ; et le loup les ravi et les disperse. Le mercenaire s'enfuit parce qu'il est mercenaire et qu'il ne se met pointe en peine des brebis. Je suis le bon Berger. Je connais mes brebis et elles me connaissent, comme le père me connaît et comme je connais le père et je donne ma vie pour mes brebis. J'ai encore d'autres brebis qui ne sont pas de cette bergerie ; celles là, il faut aussi que je les amène ; elles entendront ma voix, et il y'aura un seul troupeau, un seul berger.»**Jean 10 :11-17**.voilà la raison suffisante pour affirmer que nous ne parlons de religion quand il faut évoquer le Christianisme. Toutes les religions se disent chercher Dieu, mais le Christianisme, c'est bien Dieu allant à la quête de l'humanité. Jésus pouvait dire : « J'ai encore d'autres brebis qui ne sont pas de cette bergerie ; celles là, il faut aussi que je les amène ; elles entendront ma voix, et il y'aura un seul troupeau, un seul berger »aucun fondateur de ces milliers de religions n'a donné sa vie en rançon pour ses fidèles car eux-mêmes cherchent à se convaincre quant à la vie après la mort. Aucune religion n'a pu apporter une réponse sure et sans contestation à cette préoccupation si ce n'est que Jésus parce que Lui, Il ne parle pas en question de religion mais plutôt de la vie. « Et il dit à Jésus : souviens toi de moi quand tu viendras dans ton règne. Jésus lui répondu : en vérité, aujourd'hui, tu seras avec moi au paradis ». **Luc 23 :42-43.**

   S'il faut tendre l'oreille, nous allons entendre davantage de coup de gueule et de coup de cœur. Beaucoup sont déçus par leurs frères, amis, et camarades. Ils sont tellement déçus qu'ils ne font confiance à personne. Le monde déçoit ceux qui s'accrochent à lui car il n'a rien à offrir à ses amoureux. Le comble de désespoir, ce que même à l'église, nous rencontrons des déçus, des gens aux cœurs brisés et aux esprits abattus. Les gens semblent unis mais divisés dans leurs pensées et cœurs. Les choses ne marchent pas dans nos assemblées et dans nos églises à causes de l'homme. L'église d'aujourd'hui a échoué parce que l'homme a lamentablement échoué en voulant prendre la place du Seigneur. Nous sommes au soir de la vie, que les intelligents commencent à exercer le discernement. Il y'a aujourd'hui des personnes qui se proclament seigneur dans des églises, des personnes qui se disent incontournables dans les choses de Dieu, oubliant qu'ils ne sont que des instruments inutiles. Ils ne sont que des vases d'argiles, des vases qui pourront d'un moment à l'autre être brisés par le concepteur. L'église a perdu son premier devoir qui est de conduire les gens à connaitre leur Créateur et les aider à se réconcilier avec lui. L'église qui est appelée à restaurer et soulager ceux qui y viennent, au contraire, les surcharge des fardeaux et les condamne par-dessus tout ; il n'y a point de repos pour ceux qui y viennent. Le grand roi David ne serait-il lui aussi dans cette condition lorsqu'il disait : « ce n'est pas un ennemi qui m'outrage, je le supporterais ; ce n'est pas mon adversaire qui s'élève contre moi, je me cacherai devant lui. C'est toi que j'estimais mon égal, toi mon confident et mon amii ! Ensemble nous vivions dans une douce intimité, nous allions avec la foule à la maison de Dieu. » **Psaumes 55 :13-15**.

C'est vraiment triste de constater ces faits, mais il faut que ces choses se manifestent pour que la parole de Dieu ait aussi sa crédibilité. Ceux qui ont détesté la bible et l'ont prise pour un simple livre si non une invention purement humaine, aujourd'hui, à l'allure des événements que nous vivons, ils finissent par donner raison aux Hommes de Dieu et se disent que la bible est bien la parole inspirée de Dieu. Ils n'ont pas le choix car toutes les prédictions faites par la bible se sont aujourd'hui réalisées à un grand pourcentage. Il faut être insensé pour continuer à nier l'existence de Dieu et à contester la véracité de sa parole qui est la bible. N'est-ce pas le Psalmiste dit : « l'insensé dit en son cœur : il n'y a point de Dieu ! Ils se sont corrompus, ils ont commis des iniquités abominables ; il n'en est aucun qui fasse le bien. » **Psaumes 53 :2 ?**

A cause de ce que l'église blesse, faut-il se replier sur soi-même ? À cause de son échec à la mission qui lui a été confiée par le Seigneur, devrons-nous diriger nous vers le monde ? À cause de tes peines et de tes multiples souffrances, es-tu obligé de nier l'existence de Dieu ? Les biens que tu disposes, te satisfassent-ils réellement au point où tu refuses d'adorer Dieu?

Laisses-moi te poser cette question : connais-tu Dieu ? L'aimes-tu ? Quelle place a-t-il dans ta vie ? Pour répondre à ces questions, je te supplie de prendre la peine d'écouter et de lire ce que Dieu lui-même dit de toi. Avant que tu ne le connaisses, il te connaissait déjà, avant que tu ne cherches à l'aimer, il t'a aimé dès le commencement. A la question de : « connais-tu Dieu » ? Je te suggère de te connaitre toi-même sur les principes divins ainsi tu finiras par connaître qui est ce Dieu plein de bonté et de miséricordes. Te connais-tu réellement ? Peut être me diras-tu que tu es : bélier, taureau, jumeau, scorpion, lion,....j'aimerai bien rire de ça. Détrompes-toi sur ces conneries d'horoscope, c'est de la sorcellerie et de l'abomination devant l'Eternel Dieu. Jérémie : Connais-toi tel que Dieu te connais et tu connaitras qui est véritablement ce Dieu.

Je ne sais pas de quelle religion tu es et je ne sais de quelle appartenance ethnique tu es ni de quelle Nation tu sors mais une chose est certaine, Dieu a un plan pour toi. Ce plan a été prédestiné pour que tu puisses l'accomplir avant que tu ne sois née.

Ce n'est pas un hasard le fait que tu lises ce livre, ce n'est non plus un hasard le fait que tu le lises à cette date précise. Dieu a prédestiné ce temps pour ton propre bien parce qu'il t'aime véritablement. Il ne t'aime pas à cause de ce que tu disposes ni de ce que tu serais en train de faire pour lui, il t'aime juste parce qu'il a décidé de t'aimer un point et c'est tout. Il a un amour si grand et il est lui même l'amour ; il désire bien le partager avec tous les hommes, toi, y compris. Veux-tu le connaitre ? Veux-tu connaitre qui tu es selon sa propre maquette ?

La déception qui fini souvent par nous emporter, les crises qui remplacent les joies dans certains foyers et l'amertume qui gagne de jour au jour les cœurs des hommes s'enracinent davantage à cause de que l'homme ne connait pas sa vraie identité telle que Dieu la lui a accordée. Quand l'homme saisira sa vraie identité selon Dieu, les suicides, les meurtres et les assassinats n'auront plus leur place. C'est par manque de connaissance que mon peuple périt a dit l'Eternel. Le désarroi dans notre société actuelle et l'emprisonnement de l'âme que nous vivons sont bien l'expression de notre ignorance face à notre identité céleste. La quête de notre vraie identité s'impose à nous aujourd'hui que nous le voulions ou pas.

Dieu ne désire pas la mort de ceux qui ne l'ont pas encore connu. Son désir est qu'ils le connaissent et aient la vie Eternelle. Connaitre Dieu, c'est avoir accès à la vie car Dieu est vie ; ainsi tous ceux qui le connaissent ne verront jamais la mort car ils sont déjà passés de la mort à la vie. Oui la mort n'a aucun pouvoir sur ceux qui connaissent l'Eternel, le Dieu des armées.

Lors que nous ne nous connaissons pas, c'est aussi bien facile que nous soyons manipulés par qui que ce soit. Le plus souvent ces manipulations laissent en nous des blessures très profondes et difficiles à extirper. une infection, quand elle est mal soignée ou n'est pas du tout soignée, conduira le malade très loin, au risque d'atteindre un état cancéreux. Et à ce stade, il serait difficile d'accéder à la guérison quelque soient les secours qu'on pourrait apporter. Nous avons besoins urgemment de savoir qui nous sommes aux yeux de notre Créateur. Ne le croyez-vous pas ? La vraie identité, ne se trouve qu'en Jésus. Il n'ya que lui seul capable de restaurer la vraie identité de l'Homme.

Depuis la chute du premier Homme et son échec à cause de sa désobéissance, l'Homme descendant de lui a été logiquement vendu au diable. Bien avant qu'on ne vienne sur ce point, laisses moi te rappeler que tu as été crée par Dieu d'une manière spéciale pour des très grandes choses.

Apprenons cette histoire pour mieux appréhender notre identité.

L'HOMME AVANT LA CHUTE

Beaucoup lisent l'histoire et s'arrêtent juste à l'échec et sont souvent remplis de haine contre les premiers qui ont échoué. Ils ne s'attardent pas sur les paroles que l'Eternel a prononcées quand Il créât Adam et Eve. Les uns accusent Adam et Eve d'avoir échouer en allant désobéir à l'Eternel. Les autres vont mêmes accuser Dieu en le traitant d'un méchant. Si Dieu est véritablement bon pourquoi a-t-il mis ce piège dans le jardin ? Lui qui connait toute chose à l'avance pourquoi n'a-t-il pas empêché au diable d'accomplir ce plan malsain ? N'était-il as LUI-MEME en complicité avec le diable qui en réalité est sa créature ? Voici tant de questions que l'homme se pose ; et profitant de sa naïveté, et de son ignorance vis-à-vis de la parole révélée, le diable le traîne davantage. Il devient ainsi la proie du diable.

Tu as été crée pour dominer, tu es appelé à gérer les biens que l'Eternel a mis à ta disposition. Tu fus crée pour développer une intimité avec ton créateur car en toi il se voit et se regarde. Tu as été fait spécialement pour lui. Puis Dieu dit :
« *Faisons l'Homme à notre image, selon notre ressemblance, et qu'il domine sur tous les poissons de la mer, sur les oiseaux du ciel, sur le bétail, sur toute la terre, et sur tous les reptiles qui rampent sur la terre.* » **Genèse. 1 :26**

Dieu le père, Dieu le fils, Dieu le Saint-Esprit étaient en parfaites harmonie et ils le sont encore aujourd'hui et cela pour toujours. Dieu est en harmonie avec lui-même quand Il créât la terre et les cieux. L'Esprit de Dieu se mouvait au dessus des eaux et Dieu décidait de ce qui doit exciter, étant satisfait et d'accord avec sa propre pensée, Il proclamât la création et elle s'établissait au terme de sa parole et prenait forme selon la maquette qu'Il a conçu pour chaque créature. L'Esprit de Dieu est la puissance créatrice de Dieu.

Sachons que Dieu est satisfait de ce qu'Il avait dans les cieux, son royaume est très bien structuré et tout est bien fait, il ne se reprochait de rien et n'avait aussi absolument de compte à rendre à personne. Il n'était pas obliger de créer l'univers et tout ce qui s'y trouve. C'est poussé par l'amour que l'Eternel créât toutes choses et l'homme est le sommet de son amour manifeste. Dieu n'est pas obligé de te créer non plus. Cependant, Tu es l'image de son grand amour.

Quand Dieu a tout crée, il s'est dit : « créons l'homme à notre image ». Tu es le représentant de Dieu créateur sur terre. Tu es Dieu sur terre, car en toi se trouve l'image du Dieu créateur. De toutes les créatures, c'est seul l'homme qui détient l'image de Dieu créateur en lui. Il a mis tout à tes pieds et t'a donné la liberté d'exercer ton autorité sur n'importe quelle créature. Tu es Dieu.

Mais l'homme a accepté de se faire tromper par le diable sur la vérité qu'il détenait déjà. Dieu a dit : « créons l'homme à notre image » ; ce qui veut dire que tu as en toi l'image de Dieu, l'image de Jésus et l'image du Saint-Esprit en ton fort intérieur, c'est-à-dire dans ton essence.

Le diable a dit la même vérité à l'homme mais naïf qu'il était, il croyait avoir reçu une nouvelle révélation et a fait de son créateur un menteur. Le diable disait : « Mais Dieu sait que le jour où vous en mangerez, vos yeux s'ouvriront et que vous serez comme des dieux, connaissant le bien et le mal » Genèse 3 :5.

L'homme était déjà Dieu, il n'a pas besoin de désobéir à son créateur pour être Dieu ; c'était là le mensonge du diable. Il a utilisé la vérité de Dieu pour amener l'homme à désobéir à Dieu. L'homme était eternel parce qu'il avait en lui le Dieu Eternel, mais quand il chuta, Dieu a enlevé de lui sa ressemblance et son image. L'Esprit de Dieu qui était en lui, l'a quitté et désormais l'homme connaitra la mort parce que l'immortalité n'était plus en lui. La mort est entrée en l'homme quand il avait désobéit.

L'Eternel Dieu dit *: « voici l'homme est devenu comme l'un de nous, pour la connaissance de bien et du mal. Empêchons-le maintenant d'avancer sa main, de prendre de l'arbre de vie, d'en manger, et de vivre éternellement. » Genèse 3 :22.*

Par le second Adam : Jésus, nous reprenons l'image de Dieu qui a été ôté à cause du péché et nous entrons de nouveau dans l'alliance avec Dieu. La mort pour nous n'est pas la fin mais bien le début d'une nouvelle vie. Le Seigneur Dieu nous restaure à Lui par Jésus et nous donne d'être comme Lui. Tu n'es plus vu au travers de Adam mais plutôt au travers de celui qui a vaincu la mort et a vécu sans péché.

Ainsi toi et moi sommes appelés à récupérer tout ce que le diable détient à cause de la chute de l'homme. Nous sommes appelés à partir et non rester sur place, partir arracher les âmes perdues et tenues captives par le diable, arracher les égarés et les amener sous la croix de celui qui a déjà vaincu le diable. Dieu nous fait grâce de revêtir l'homme nouveau pour accomplir sa volonté, Dieu n'échoue jamais et veut nous utiliser.

Après la chute du premier homme, il faudrait un autre Adam pour relever l'homme de sa chute. Il n'ya que Jésus-Christ de Nazareth le seul capable d'accomplir cette mission de réconciliation. Il n'ya que Jésus qui peut restaurer l'homme dans sa vraie identité. Tu as besoin de l'accepter comme ton Dieu et ton Sauveur car il est le seul qui peut te connecter à Dieu. Jésus est l'ultime solution pour toi en ce moment. Entre Jésus et toi, se place Jésus. Pour connaitre Dieu, il te faut connaitre Jésus, et plus tu connaitras Jésus, plus la révélation de ta personnalité deviendra claire à tes yeux.

Jésus est pour toi un don gratuit de Dieu. Il est la manifestation visible du Dieu vivant pour toi. Car c'est poussé par son amour pour toi qu'il a décidé de te donner Jésus son fils unique.

« Car Dieu a tant aimé le monde qu'il a donné son fils unique, afin que quiconque croit en lui, ne périsse point, mais qu'il ait la vie Eternelle » jean 3 :16.

Veux-tu l'accepter comme ton Seigneur et ton Sauveur personnel ? **Seigneur** parce qu'il existât avant la création de la terre et était lui-même le créateur de l'univers.

« Car en lui ont été crées toutes les choses qui sont dans les cieux et sur la terre, les visibles et les invisibles, trônes dignités, dominations, autorités. Tout a été crée par lui et pour lui. » Colossien 1 :16

Sauveur parce qu'il n'ya que lui seul qui peut te sauver de la mort qui te guette. Cher frère, chère Soeur, avant d'aborder la question de ton identité, je te supplie d'accepter de faire cette prière à haute voix où à la voix basse pour déclarer ton appartenance à Dieu au travers de son fils Jésus-Christ de Nazareth. Pendant que tu lis cette prière, considères ces paroles comme les tiennes et utilises les librement pour parler à Dieu qui a ses oreilles attentives pour t'écouter.

Prière

Merci Dieu pour la grâce que tu me donnes de lire ces lignes. Je viens tel que tu me connais à tes yeux. Je reconnais que je suis un pécheur. Je reconnais que tu as envoyé Jésus-Christ mourir sur la croix pour me sauver. Je te supplie de me pardonner et laves mes péchés à travers le sang de ton fils Jésus-Christ, fais moi grâce de ta miséricorde. J'accepte ton fils Jésus et je l'invite dans mon cœur dès maintenant. Jésus, sois mon Seigneur et mon Sauveur personnel.

Merci de m'avoir pardonné et merci pour le salut de mon âme. Je décide de t'aimer pour toujours. Amen !

Si tu as fait cette prière avec sincérité, voici tu viens de faire ton premier pas dans la quête de ton identité. Tu as restauré ainsi ton identité qui a été usurpée si longtemps par le diable. Tu es investie du pouvoir divin qui fait de toi un enfant de Dieu, et tu l'es.car voici ce que la bible déclare à ton égard

« Mais à tout ce qui l'ont reçu, à ceux qui croient en son nom, elle a donné le pouvoir de devenir enfant de Dieu, lesquels sont nés » Jean 1 :12

Tu es désormais enfant de Dieu, n'est ce pas merveilleux ?tu viens de récupérer ton identité volée il y'a longtemps par le diable, acte qui ne doit pas le laisser indifférent, car son destin pour toi, c'est de te maintenir assujettis et t'entrainer avec lui à l'enfer.

Le diable manipule ceux qui ne connaissent pas véritablement qui ils sont. Ils leur montre de contre vérités, les détournant ainsi de leur propre identité devant Dieu.

Sur la base de ce que tu es maintenant enfant de Dieu, il te sera aisé de mieux cerner les circonstances de la vie afin de préserver ton identité. Les difficultés, les peines, les jalousies, la division, la haine... peuvent se présenter sur ton chemin, mais tu dois savoir convertir ces maux en des bénédictions à la gloire de Dieu, car dès lors où nous avons accepté Jésus dans notre vie, nous sommes aussi confrontés à la méchanceté radicale du diable. Ce pendant, nous avons ce pouvoir de dominer sur lui et de le faire taire à jamais.

Lis attentivement les lignes qui suivent et appropries toi de chaque point. Tu es ce que Dieu dit que tu es véritablement ; tu n'es pas ce que l'homme et les circonstances de la vie qu'elles soient bonnes et mauvaises disent que tu es.

TU ES REDEVENU ENFANT DE DIEU

Dieu par amour t'a crée et voudrait que tu participe pleinement à son merveilleux plan. Dieu t'a crée à son propre image, ce qui veut dire qu'il a mis en toi sa propre essence et t'a investie de tous les pouvoirs. Tu es image du Dieu créateur du ciel et de la terre. Tu es appelé à participer au plan de Dieu à cause de ce que tu es à jamais restauré à lui au travers du sacrifice de Jésus-Christ. Tu deviens enfant de Dieu et tu l'es. Quand il créât la terre ainsi que tous ce qui s'y trouve, il laissa à l'homme de nommer les animaux. Par conséquent, sois informé qu'en Jésus, tu reprends ainsi ta première place devant l'Eternel. L'image de Dieu est en toi alors tu es enfant bien aimé de Dieu. Alors par ta conversion, le fait que tu aies accepté Jésus dans ton cœur, tu reprends ainsi ta place. Tu n'es plus ce que l'homme a dit que tu es, tu es maintenant enfant de Dieu, citoyen céleste. Gloire à Dieu !

1. Ton passé est définitivement passé

Tu dois oublier ton passé et ne pas permettre au diable de l'utiliser pour t'accuser ou te culpabiliser. Tu pourrais faire mention de ton passé dans le but de considérer la grandeur de l'amour du Seigneur pour toi ; c'est à ce but là seulement que se référer à son passé tumultueux, à son passé sans jésus, est une victoire. S'apitoyer et continuer à s'en vouloir pour ce que l'on a ou aurait commis dans son passé pendant que Jésus n'avait pas reçu l'autorisation d'entrer dans la vie de sois, c'est permettre au diable de prendre le déçu dans notre vie et lui donner le libre champ dans toutes nos décisions ; on ne peut non plus permettre à notre passé de s'exprimer dans nos actions si non cela compromettrait l'œuvre de la croix. Sois avertis. Tu n'appartiens plus à ton passé. Tu es revêtu d'une nouvelle identité et ton être doit refléter cette nouvelle vie.

« *Ceux qui sont à Jésus-Christ, ont crucifiée la chaire avec ses passions et ses désirs* » *Galates 5 :24*
« *Si quelqu'un est en Christ, il est une nouvelle créature. Les choses anciennes sont passées ; voici toutes choses sont devenues nouvelles.* » *2 corinthiens 5 :17*

Tu es une nouvelle créature régénéré en Jésus-Christ. Avant, tu vivais pour toi-même et tu dirigeais ta vie à ta guise. Vis-à-vis de Dieu, tu étais un Rebel, mais maintenant, tu dois apprendre la soumission et l'obéissance sous l'égide de ta nouvelle identité.

Désormais, Christ est en toi. Ainsi ; Christ doit utiliser tes membres inferieurs et tes membres supérieurs pour sa propre gloire. C'est-à-dire tout ce qui est en toi, devient la propriété de Christ. Christ doit s'exprimer au travers de toi. Tu es une nouvelle personne aux yeux de l'Eternel. A cause de ta nouvelle identité en Christ, tu prendras conscience que tu es nouvelle personne. Ta manière de penser, et tous tes actes communiqueront ta nouvelle identité.

« Car nous aussi, nous étions autrefois insensés, désobéissants, égarés, asservis à toute espèce de convoitises et de voluptés, vivant dans la méchanceté et dans l'envie, dignes d'être hais, et nous haïssant les uns, les autres.
Mais lors que la bonté de Dieu notre sauveur et son amour pour les hommes ont été manifestés, il nous a sauvé, non à cause des œuvres de justice que nous aurions faites, mais selon sa miséricorde, par le baptême de la régénération et le renouvellement du Saint-Esprit. » Tite : 3 :3-5

2. TU es à jamais pardonné

Les gens confessent leurs péchés et prient pour pouvoir recevoir le Seigneur Jésus-Christ dans leur vie, mais le plus souvent, ils se laissent tromper par le diable et continuent de croire qu'ils ne sont pas encore pardonnés. Pensent-ils que Dieu ne peut pas les pardonner et ne peut non plus les accepter à cause de la multitude de leurs péchés. Ils confessent de leurs bouches mais ne croient pas à ce qu'ils confessent. Et vivent-ils ainsi pleinement dans la culpabilité.

Les filles qui ont avorté dans leur passé, les gens qui ont été des meurtriers, des voleurs…,ne sont pas du tout convaincu du pardon de Dieu à leur égard et se laissent culpabiliser par le diable et meurent ainsi malheureux.

Laisses moi te dire qu'il n'ya aucun péché que le Seigneur Dieu ne puisse pardonner ou refuse de pardonner si ce n'est le blasphème contre le Saint-Esprit. Dieu a décidé lui-même de relever l'homme de sa chute et pour ce faire il a utilisé le moyen le plus fort et l'ultime : **le sacrifice de son unique fils Jésus-Christ.** Au travers de l'œuvre de la croix, tu es à jamais pardonné. Ne crois pas au mensonge du diable selon lequel, tu es impardonnable. La bible déclare ceci :
« Venez et plaidons ! dit l'Eternel. Si vos péchés sont comme le cramoisi, ils deviendront blancs comme la neige, s'ils sont rouges comme la pourpre, ils deviendront comme la laine. » Esaie 1 :18

Alors sois rassuré de ce que tu es pardonné. Dieu a juste besoin de ta disponibilité pour te pardonner. Es-tu disponible à t'ouvrir à lui ? IL a besoin de ta sincérité. Lorsque tu confesses au Seigneur réellement qui tu es, Il te pardonne et te restaure à cause de sa fidélité et son amour pour toi.

« Si nous confessons nos péchés, il est fidèle et juste pour nous les pardonner et pour nous purifier de toute iniquité » 1 Jean 1 :9

Dieu a décidé de purifier toutes tes iniquités afin d'asseoir en toi son caractère et son véritable image. Reçois cette conviction et empêches au diable de te culpabiliser. Dieu te regarde aujourd'hui sur la base du sacrifice de son fils pour toi et sur la base de ta propre repentance comme une nouvelle créature, une personne qui n'aurait jamais péché.

« *C'est moi qui efface tes transgressions pour l'amour de moi. Et je ne me souviendrai plus de tes péchés.* » *Esaie 43 :25* .

Pourquoi regardes-tu encore à tes péchés ?pourquoi te culpabilises-tu de ce que tu as commis dans le passé ? S'il te plait dis ceci à ta propre personne : **« je ne suis pas la même personne d'hier, Dieu m'a pardonné, il a oublié mon passé et m'a restauré à lui ; je suis un Justifié car le sang de son fils Jésus-Christ m'a justifié et je ne suis plus sous la malédiction de Dieu ni de mon ennemi le diable car mon Seigneur Jésus-Christ me rassure qu'il n'ya plus de condamnation pour tous ceux qui ont cru en lui. Satan, toi et tes acolytes avec toutes vos manigances et vos fausses accusations, je déclare que vous avez lamentablement échoué»**

La conviction du pardon des péchés et l'assurance du salut, beaucoup, ne l'ont pas si non refusent-ils de l'admettre. Nous sommes tenus assujettis par nos propres pensées. Ne remettons pas en cause ce que l'eternel Dieu a décidé lui-même de faire et l'a si bien fait d'avance.

LES MANIGANCES DU DIABLE

Devant Dieu le père, le diable s'en va toujours pour nous accuser. Et quand il nous voit nous approcher du Seigneur, il se permet de nous injecter des pensées de culpabilités nous amenant à comprendre que nous sommes très impures et que Dieu ne peut pas nous écouter ni nous voir.

Quand il nous arrive de vouloir prier par exemple, il injecte des pensées telles que : « **ne sais-tu pas que Dieu n'écoute-t-il pas les pécheurs ? As-tu déjà oublié qu'autrefois, tu avais avorté, menti, volé et commis tel ou tel autre péché ? »**

Il peut même utiliser des versets bibliques pour atteindre ceux qui font confiance à la parole de Dieu mais qui manque de connaissances approfondies. Le diable sait et connait très bien que tu as été lavé dans le sang de Jésus et que désormais tu es enfant de Dieu mais faisant semblant d'être naïf et ignorant de cette victoire de la croix, cette victoire qui ne lui laisse aucun repos et qui lui rappelle à tout moment son échec très humiliant, il continuera à te déranger. Sois sans inquiétudes, l'Eternel a ses oreilles attentives pour ta cause.

S'il t'arrive d'être confronté à des telles pensées injectées depuis l'enfer, à chaque fois que tu sens le besoin de prier, s'il te plait confronte le diable sur son propre terrain et proclames lui son échec et son ignorance sur ta personne en tant qu'enfant de Dieu, né de nouveau.

➢   *Tu peux faire cette prière si elle te convient si non, comprenant la pensée de ce point soulevé, tu peux élever ta prière par tes propres mots :*
« Merci Seigneur pour la grâce que tu m'accordes de m'approcher de toi et de te parler en tant que fils. Je refuse d'écouter et d'accepter ce mensonge du diable selon le quel tu ne m'écoutes pas. Je confesse que tu as lavé toutes mes iniquités, tu m'as pardonné et tu m'as restauré à jamais à toi. Ton désir est que je m'approche de toi et que je te connaisse.
J'amène ma pensée captive à l'obéissance de ta parole et je commande maintenant au diable d'arrêter avec ses campagnes d'accusation et de culpabilités et qu'il se taise à jamais au nom de Jésus. »

Impose cette vérité en toi et pries librement. Le Seigneur prend plaisir à tes prières et est prêt à faire de cette prière une réalité telle que tu l'aurais demandée.

Lire la parole de Dieu au début, c'est un plaisir pour celui qui vient de croire. Lorsque le diable voit que celui-ci s'intéresse trop à la parole de Dieu, il essaiera par tous les moyens de le décourager et le détourner de cette voie. Le diable connait que quand tu lies la bible, tu connaitras qui il est, sa vraie identité **: « le père du mensonge »** il sait aussi que plus tu lis la bible, plus clairement tes yeux s'ouvriront et tu cerneras ta vraie identité en Jésus-Christ.

Aussi il est jaloux de ce qu'en lisant et écoutant la parole de Dieu, tu ne fasses asseoir en toi la foi authentique. Car la bible déclare ceci : « la foi vient de ce qu'on entend et ce qu'on entend, vient de la parole de Dieu. » il sait aussi que Dieu a des milliers de promesses faites pour toi dans sa parole et que lors que tu en seras informé, tu te les appropries surement.

Il peut aussi utiliser la fatigue, la nonchalance, les activités inutiles ou il peut même susciter en ce moment précis des visites inopinés et te proposera de rejeter ainsi à lendemain la lecture de la parole de Dieu. Il mettra tout sur pied pour atteindre son but qui est de t'empêcher de lire la parole de Dieu. Tu n'es pas obliger d'accepter ses propositions. Tu es enfant de Dieu, et en tant fils, tu as besoin d'entendre ton père et de s'informer de ce qu'il dit et ce qu'il a dit de toi. Tu as besoin de recevoir de ton père instructions et directives pour marcher dignement d'un fils du père. La bible est la parole de Dieu, oui sa propre parole écrite et adressée spécialement à toi pour t'orienter et te situer par rapport à ce qui se passe.

Tout comme un Géographe ou un Ingénieur de plan a besoin d'un appareil J.P.R.S. ou d'une boussole pour s'orienter, tu as toi aussi besoin de la bible pour connaitre les directives et les mots d'ordres de Dieu ton père pour pouvoir te situer.

La bible est une lettre d'amour écrite d'une manière spéciale pour toi.

✓ Quand tu es seule, elle te tient compagnie et te rassure de la présence du Seigneur;
✓ Quand tu es rejetée et abandonné, cependant qu'elle t'attire vers elle et te donne l'amour dont tu as véritablement besoin ;
✓ Elle accorde de repos et allège ceux qui sont lourdement chargés ;
✓ Elle te situe par rapport à ton avenir et te sépare de ton passé ténébreux ;
✓ A ta possession, elle devient pour toi une arme très efficace contre le diable et tous ceux qui s'alignent derrière lui contre toi.
✓ Jour après jour, elle te rassure et rappelle ta position de domination sur le diable.

✓ Plus tu te familiarises avec elle, elle met à ta disposition des armes très efficace contre l'armada d'armement du diable.
✓ Ta feuille de route et ton cahier de charge, c'est bien elle qui te les offrira.

Le diable le sachant ainsi, cherche à te priver de ton héritage. Uses de violence et décides de La lire maintenant même.*je te sépare de tout ce qui t'empêche de lire la bible et de la méditer et je commande à ton esprit de lui être soumis au nom de Jésus-Christ de Nazareth.*

Il ya de personnes qui ont fait des années dans la foi mais n'ont pas pu lire un seul livre d'évangile. Ils lisent rarement la bible à seule, c'est souvent à l'église qu'ils utilisent leur bible. Quand les prédicateurs citent les versets, voilà pour eux l'occasion de lire la bible ; ils les lisent sur place et une fois le culte fini, la bible est close et on attend une autre rencontre avec les frères pour pouvoir ouvrir de nouveau la bible.

L'on ne pourra jamais grandir spirituellement dans une telle condition. Il est difficile pour ces personnes de dire qui ils sont avec exactitude. Ils ne connaissent pas ce que Dieu a dit d'eux non plus.

Lis-tu la bible ? Comment la trouves-tu ? Où tu n'en dispose pas depuis que tu es né de nouveau ?

Un enfant de Dieu qui ne lit pas la parole de Dieu, reste ignorant de la volonté de Dieu, ainsi il court le danger d'accomplir la volonté du diable. Cet enfant n'est pas imprégné de la culture de son père Dieu à cause de ce qu'il ne lit pas la parole de son père Dieu. Il lui sera difficile de confronter les mensonges du diable, car pour juger les mensonges du diable, il faut connaitre ce que Dieu a dit et continue de dire de lui dans la bible. Le diable se déguise en ange de lumière, pour le démasquer, il n'y'a que la lumière de Dieu ; c'est elle seule qui peut l'exposer en spectacle et ôter de lui toutes ambages et voile.

Nous vivons le temps de grandes confusions, à cet effet, nous avons besoin de bases solides pour ne pas nous laisser entrainer par des pseudos vérités et des mensonges. Nous devons sonder les écritures et éprouver les esprits s'ils sont réellement du Seigneur.

Les faux enseignants de la parole, les faux pasteurs, et les faux prophètes, sont partout et ont gagné aujourd'hui nos églises. Nombreux ne savent pas qu'ils sont du diable, par contre d'autres, en sont conscients et sont des agents actifs du père du mensonge. Pour les démasquer, tu as besoin plus que jamais de connaitre ce que Dieu a prédit les concernant. Dans la bible, tu trouveras les préventions et les avertissements qu'il te faut. Ne risque pas ta vie en t'accrochant aux structures de ton églises et ton organisation; quand bien mêmes elles sont bonnes mais elles ne pourront jamais te sauver si ce n'est que ta relation intime avec ton père céleste qui compte. Dieu a fait de toi son enfant et a mis tout à ta disposition afin de te sortir de ton état d'ignorance.

« Prenez gardes aux chiens, prenez gardes aux mauvais ouvriers, prenez garde aux faux circoncis. » **philippiens 3 :2**

LE BAPTEME D'EAU

Voici l'un des points de la vie chrétienne que le diable a apporté tellement de confusions dans l'esprit de beaucoup des Hommes. C'est là l'un des points de ton identité que tu dois connaître et dans la mesure du possible, l'enseigner à ceux que le Seigneur les mettra sur ton chemin.

L'on ne doit pas se faire prier pour se faire baptiser ; le baptême est une obéissance à la parole de Dieu donc un devoir et un droit pour toi en tant que enfant de Dieu. Il ne doit pas y avoir de temps considérable entre le temps de repentance et celui du baptême. Il semble que les choses importantes sont foulées au pied au détriment de celles qui sont futiles.

Les hommes ont rendu compliqué les choses de Dieu en y apportant leur réflexion mêmes dans les choses écrites du Seigneur. Les uns parlent de *: un, deux ; trois à* **quatre mois de cours, le temps qu'il faut pour un pécheur qui s'est repenti de se faire baptiser**. Le baptême est reçu sur la base d'un nombre de points jugé suffisant par un jury constitué à cet effet. D'autres vont mêmes jusqu'à quatre ans de cours de baptêmes.

Quand une personne donne sa vie si non du moins crois au Seigneur et se **repent de ses péchés**, et l'accepte comme son Seigneur et Sauveur, elle est digne de recevoir les eaux de baptême ; n'est-ce-pas ce que les écritures déclarent ?

« *Et leurs péchés, ils se faisaient baptiser par lui dans le fleuve du Jourdain* » Matthieu 3 :5

Jean-Baptiste baptisait ceux qui venaient écouter sa prédication devant le Jourdain. Ceux qui croyaient en cette prédication se faisaient baptiser immédiatement.

Le baptême est un bon engagement en vers le Seigneur déclare la parole de Dieu. Avais-tu la conscience pure quand tu fus passé par les eaux de baptême ? Celui qui accepte les eaux de baptême est en train de déclarer par son acte qu'il se dépouille de lui-même et revêt Christ. Peux-tu revêtir Christ en étant toi-même attaché à tes idoles ?

« *Vous tous qui avez été baptisés en Christ, vous avez revêtu Christ.* » Galates 3 :27

La condition sine qua none pour être baptisé d'eau, **c'est la repentance véritable**. La fausse repentance conduit à la mort. Aux yeux de ton pasteur et de toute ton église, tu es considéré comme un baptisé mais à cause de la corruption de ton cœur, Dieu et ses anges te regardent comme un Véritable menteur, tu t'es juste mouillé. Sachons que Dieu ne donne pas cachet à tous les baptêmes.

Le baptême d'eau est immédiat après la repentance. Pierre, lors qu'il était rempli de la puissance d'en haut (du Saint-Esprit), il a prêché l'évangile à une multitude de personnes en un seul jour ; ceux qui ont cru en cette prédication, furent baptisés aussitôt.

« *Ceux qui acceptèrent sa parole furent baptisés en ce jour là, le nombre de disciples s'augmenta d'environ trois milles âmes.* » Actes 2 :41

L'apôtre Pierre n'a pas fait attendre ces personnes. Elles furent baptisées aussitôt après avoir écouté l'évangile.

Ceux qui se cachent derrière les enseignements pour retarder le baptême des fideles, qu'ils sachent ceci, le ministère d'enseignement est continuel jusqu'à la venue de fils de l'homme ; mais par contre celui du baptême intervient une seule fois dans la vie de l'homme. Qu'on baptise ceux qui veulent être baptisés et que l'enseignement vienne les affermir. Arrêter d'être de l'obstacle pour la propagation de l'évangile dans le monde. Avec vos principes érigés en dogmes, vous freinez l'évangile et maintenez les gens dans la servitude. Soyons sincères et obéissons à la parole de Dieu ; laissons de coté notre confiance et faisons confiance à Dieu.

Le plus souvent, on prend le soin d'enseigner les personnes désireuses de recevoir le baptême, mais dès que ces personnes ont reçu le baptême, on les oublie et les laisse à leur triste sort sans un autre enseignement. C'est facile pour ces personnes de repartir dans leur anciennes vies car elles ne savent pas pour quoi elles se sont engagées dans ce baptêmes. Aussi sont-elles moins équipées pour faire face aux ruses du Diable.

L'on avance des arguments selon les quels que quand une personne ne reçoit pas d'enseignement pour une durée de quelques mois ou années avant de se faire baptiser, cette personne pourrait repartir aussitôt dans le monde. Mais dites mois avant d'entrer dans les eaux de baptême que vous n'avez pas aussi vu aussitôt repartir dans le monde ? La personne peut passer des mois et des années à recevoir les enseignements bibliques, tout comme elle peut juste écouter pendant une seule heure prédication, se décider de se baptiser et demeurer dans la foi pour toute sa vie.

Le salut ne dépend pas de nos œuvres, ni de notre sagesse, intelligence, ni moins de notre savoir faire. Le salut est un don gratuit de Dieu à toute l'humanité.

Notre devoir, c'est d'amener les gens à obéir à la parole de Dieu. Tous ceux qui sont touchés par la parole de Dieu et qui se sont repenties de leurs péchés, on doit les permettre de se faire baptiser. S'ils se présentent pour se faire baptiser, baptisons-les ; aidons-les à honorer la parole de Dieu. Ne tergiversons pas sur des choses qui ne font que nous diviser et saper la foi de multiples.

Il y'a aujourd'hui trop de cérémonies autour de baptême par l'eau que finalement beaucoup s'en abstiennent. C'est le lieu ici de regretter ces genres de comportements ; à qui incombe donc la faute ? Les dirigeants ecclésiastiques auront de compte à rendre à Dieu dans leur sens de tordre la parole de Dieu.

Les exemples du baptême sont légion dans la bible, l'on n'a pas besoin de chercher ailleurs, Dieu a tout disposer et nous a montré ce qu'on doit faire.ne compliquons pas ce Dieu a rendu facile.

1. Le baptême de Lydie

A Philipe, Paul et Sillas y étaient allés pour une rencontre de prière où sont réunies les femmes parmi les quelles se trouvait Lydie.

Pendant qu'elle écoutait la prédication des apôtres, le Seigneur l'a ouvert l'esprit et l'a fait grâce de comprendre sa parole. Lydie était aussi une femme qui craignait Dieu ; elle a accepté de se faire baptiser elle et toute sa famille. Les apôtres n'ont pas retardé son baptême à cause de l'enseignement qu'elle devrait recevoir au préalable. Les Apôtres pouvaient avoir raison de lui refuser le baptême et ils pouvaient la demander d'attendre quelques mois ou années, mais ils ne l'ont pas fait.

« Le jour de sabbat, nous nous rendîmes hors de la porte, vers une rivière où nous que se trouvait un lieu de prière. Nous nous assîmes et nous parlâmes aux femmes qui étaient réunis. L'une d'elle, nommée Lydie marchande de pourpre de la ville Thyatire était une femme craignant Dieu, et elle écoutait. Le Seigneur lui ouvrit le cœur pour qu'elle fût attentive à ce que disait Paul.

Lorsqu'elle eut été baptisée avec sa famille, elle nous fait cette demande : si vous me jugez fidèle au Seigneur, entrez dans ma maison et demeurez y et elle nous pressa par ses instances. »
Actes 16 :13-15.

Laissons le Saint-Esprit faire son travail dans nos cœurs et dans nos diverses organisations. Faisons Lui confiance quand aux fruits. Dieu est souverain.

N'apportons pas nos dogme et principes à contrecarrer les desseins de Dieu dans la vie de ses bien-aimés.

2. Le baptême du Geôlier

Paul et Sillas furent arrêtés et emprisonnés à cause de ce qu'ils ont délivré une servante de l'esprit de python. Mais dans la prison, en pleine nuit, les apôtres louaient Dieu. Les chaines avec les quelles on les a lié, furent rompues et les portes de la prison s'ouvrirent. Ayant vu la puissance de l'Eternel Dieu, le Geôlier a cru au Seigneur et fut baptisé cette même nuit. Les apôtres ne lui ont pas donné un délai de quelques jours ou de quelques mois. Aussitôt cru, aussitôt baptisé.

« Vers le milieu de la nuit, Paul et Sillas priaient et chantaient les louanges de Dieu et les prisonniers les entendaient. Tout à coup il se fit un grand tremblement de terre, en sorte que les fondements de la prison furent ébranlés, au même instant, toutes les portes s'ouvrirent et les liens de tous les prisonniers furent rompus.

Le Geôlier se réveilla, et, lorsqu'il vit les portes de la prison ouverte, il tira son épée et allait se tuer, pensant que les prisonniers s'étaient enfuient. Mais Paul cria d'une voix forte : ne te fait pas du mal, nous sommes tous ici. Alors le Geôlier, ayant demandé de la lumière, entrant précipitamment, et se jeta tout tremblant au pied de Paul et de Silas. Il les fit sortir et dit : Seigneur que faut-il que je fasse pour être sauvé ?

Paul et Silas répondirent : crois au Seigneur Jésus, et tu seras sauvé, toi et ta famille. Et ils lui annoncèrent la parole du Seigneur ainsi qu'à tous ceux qui étaient dans sa maison ; il les prit avec lui à cette heure même de la nuit, il lava leur plaies et aussitôt il fut baptisé lui et tous les siens. Les ayant conduits dans son logement, il leur servit à manger, et il se réjouit avec toute sa famille de ce qu'il avait cru en Dieu. » Actes 16 :25-34

Aussi sur quels versets bibliques, s'appuient les hommes en baptisant les autres par aspersion et accordant même le baptême aux petits enfants et aux bébés ? Les bébés ont-ils une conscience devant Dieu ? Savent-ils distinguer le mal du bien ? Savent-ils qu'ils sont vraiment séparés de Dieu et qu'accepter Jésus comme Seigneur et Sauveur serait-il la solution à leur état de perdition?

Parcourant toute la bible, il n'est fait aucune mention de baptême des bébés, des petits enfants ni de baptême par aspersion. Si nous voudrons obéir à Dieu, et c'est bien cela notre désire j'ose croire, alors, nous devrons revenir à l'enseignement authentique selon ce qui est écrit dans sa parole. Nous ne sommes pas plus intelligents ni plus sages que Dieu pour pouvoir changer ses prescriptions en avançant des arguments selon les quels, il faut adapter les écritures aux circonstances et aux époques. Je sais que le Seigneur nous a doté d'une conscience libre d'agir selon notre propre conviction mais, cela ne doit pas nous amener à fouler aux pieds les dispositions du Seigneur ni ses préceptes et ses principes. Je crois fermement que ce sont plutôt les époques et les circonstances qui sont obligés de se plier aux saintes écritures, car ces époques et ces circonstances, elles, passeront un jour mais la parole du Seigneur, demeurera éternellement.

En tant que des enfants obéissants et soumis à leur père, reconnaissons nos transgressions et revenons à ce qui devrait être fait, revenons aux prescriptions divines ; prescriptions telles révélées et inspirées par le Saint-Esprit

LA NECESSITE DU BAPTEME DU SAINT-ESPRIT

C'est un point très important, aussi délicat que sensible. Pendant des années, beaucoup sont restées très indifférents à cette vérité. Les uns ne comprennent pas parce qu'ils n'étaient pas enseignés sur ce point ; d'autres par contre, refusent d'accepter cette vérité. Cependant, je bénis le Seigneur de ce qu'il est en train d'amener des milliers de personnes aujourd'hui à comprendre certaines de ces vérités restées des années comme des énigmes.

Parler du baptême du Saint-Esprit, pour beaucoup, c'est évoquer l'occultisme ou pratiquer le spiritisme. Des multiples bénédictions sont étroitement liées à ce baptême, et le diable en est conscient. Ainsi, il use de tous les moyens pour aveugler les gens et les empêcher d'entrer dans leur héritage.

Tout enfant de Dieu, est appelé à être baptiser du Saint-Esprit, sans cela, il est limité dans sa compréhension de la parole de Dieu. Tu seras en train de prêcher avec peu d'assurance et d'efficacités à cause de ce que tu n'es pas ou tu as délibérément refusé de te faire baptiser du Saint-Esprit.

Si tu as accepté Jésus-Christ dans ton cœur comme ton Seigneur et Sauveur, et si tu crois fermement que la bible est la parole de Dieu, et est digne de confiance, alors tu dois accepter et te laisser baptiser dans le Saint-Esprit par Dieu. Sans le Saint-Esprit, tu ne peux pas faire des grandes choses, sans le Saint-Esprit, tu ne peux pas comprendre les verités de Dieu, sans le Saint-Esprit, il te sera difficile de discerner les œuvres de ténèbres avec celles de la lumière. Sans le Saint-Esprit, tu es bon pour acclamer et chanter mais inefficace dans la prière et dans la délivrance. Sans le Saint-Esprit, tu ne sauras exactement qui tu es, car il n'y-a que le Saint-Esprit qui révèle à l'homme sa vraie identité telle que Dieu la conçue.

Des faux pasteurs et faux enseignants de la parole de Dieu parlent du baptême du Saint-Esprit dans le passé, comme si le Saint-Esprit avait eu un début dans l'histoire et que son rôle aurait prit fin dans une époque donnée. On ne peut pas parler du Saint-Esprit, ni de son baptême au passé, aujourd'hui encore, il est à l'œuvre quand bien même beaucoup de nos églises et nos ministères lui ont fermé leur porte. Certains hommes et femmes de Dieu, ont refusé de coopérer avec lui. Le Saint-Esprit n'a véritablement pas la place qu'il lui faut dans nos organisations dites chrétiennes. Si tu as cru en Jésus-Christ, tu es appelé aussi à croire au Saint-Esprit et à accepter de se faire baptiser par lui.

Jean Baptise a déclaré ceci :

« *Moi, je vous baptise d'eau, pour vous amener à la repentance, mais celui qui vient après moi est plus puissant que moi et je ne suis pas digne de porter ses souliers. Lui, il vous baptisera du Saint-Esprit et de feu* » Mathieu 3 : 11

Es-tu baptisé du Saint-Esprit ? Qu'attends-tu ? Même pendant que tu es en train de lire ce livre, tu peux recevoir le baptême du Saint-Esprit. Il suffit juste de croire en lui et de se faire une place dans ton cœur pour lui, d'ôter de ton cœur tout ce qui constitue un obstacle (idoles) pour sa personne, et il viendra te baptiser et te remplir de sa plénitude.

Détrompes-toi de tous les mensonges du diable selon les quels, le baptême du Saint-Esprit a eu lieu juste au temps des Apôtres et qu'aujourd'hui, l'on ne doit pas faire mention de ce baptême parce que cela s'avère caduque. Arraches de ton cœur toute fausses vérités qui t'ont empêché de croire au baptême du Saint-Esprit et demandes au Seigneur de te baptiser de son Saint-Esprit, et il le fera.

Témoignage

Pendant que je cherchais la verité sur le baptême du Saint-Esprit, j'ai été déconseillé par beaucoup de pasteurs. Ils m'ont dit que Jésus avait baptisé ses disciples du Saint-Esprit quelques jours après qu'il eut monté au ciel afin de leur permettre d'aller partout dans le monde et de prêcher l'évangile. C'est cela le but de la pentecôte et qu'après eux, personne d'autre n'a été baptisé du Saint-Esprit. Ils m'ont fait savoir que quand une personne est baptisée d'eau, automatiquement, celle-ci reçoit aussi le baptême du Saint-Esprit et qu'on ne doit pas s'attendre à un autre baptême du Saint-Esprit. Le baptême d'eau et celui du Saint-Esprit sont confondus si non étroitement liés.

Ils m'ont aussi fait savoir que les gents qui s'adonnent au baptême du Saint-Esprit sont des secteurs.

Je n'étais jamais satisfait ni convaincu de ce qu'ils m'ont dit, alors j'ai décidé de connaitre vaille que vaille la verité. Ainsi, le Seigneur m'a fait la grâce de connaitre un ami qui est un pentecôtiste. Il me parlait avec tellement d'assurance du baptême du Saint-Esprit, et j'en ai profité pour lui poser toutes les questions sur ce dit baptême.

Un jour, ce frère, m'a invité à prendre part à un séminaire organisé sous le leadership de leur ministère. Séminaire qui était soldé par le ministère du baptême du Saint-Esprit. Grande était ma surprise pendant que j'écoutais les gens parlaient en langue, le mouvement du Saint-Esprit était tellement réel que j'avais commencé à avoir peur. Me rappelant des interdits de mes pasteurs, j'avais donc tout de suite conclu que j'étais tombé sûrement dans une secte. La personne qui m'encourageait de coopérer avec le Saint-Esprit, et de me disposer pour recevoir le Saint-Esprit, fut convaincu de mon incrédulité et me l'a ouvertement exprimé dans ce terme : **« mon fils, tu es incrédule, et cela t'empêchera de recevoir le baptême du Saint-Esprit »**

Lors qu'il m'a quitté pour aller imposer la main à une personne, j'avais profité de cela pour définitivement quitter le lieu. N'est-ce-pas vraie la parole de Dieu : « *mon peuple est détruit parce qu'il lui manque la connaissance, puis que tu as rejeté la connaissance, je te rejetterai, et tu seras dépouillé de mon sacerdoce. Puis que tu as oublié la loi de ton Dieu, j'oublierai aussi tes enfants.* » Osée 4 :6?

Que personne ne te trompe sur ces verités si importantes pour ta marche chrétienne, et ne te laisses non plus enseigné par n'importe quelle autorité spirituelle. Le baptême du Saint-Esprit n'était pas seulement réservé aux disciples comme l'affirment beaucoup des hommes de Dieu. Paul était-il disciple direct de Jésus ? pourquoi avait-il cru au baptême du Saint-Esprit ? Corneille, païen qu'il était, à l'écoute de la parole de Dieu, n'avait-il pas lui aussi été baptisé du Saint-Esprit ?

Les exemples sont nombreux dans la bible, il suffit de les lire, d'accepter de les comprendre et décider de les croire.

1. Les samaritains baptisés dans la Saint-Esprit

« Les Apôtres, qui étaient à Jérusalem, ayant appris que la Samarie avait reçu la parole de Dieu, y envoyèrent Pierre et Jean. Ceux-ci arrivés chez les samaritains, prièrent pour eux afin reçussent le Saint-Esprit car il n'était pas encore descendu sur aucun d'eux, ils avaient seulement été baptisés au nom du Seigneur Jésus. Alors Pierre et Jean leur imposèrent les mains et ils reçurent le Saint-Esprit. » Actes 8 :14-17

Les Samaritains ont reçu la parole de Dieu et ils ont cru en elle. Ils étaient baptisés dans l'eau, le baptême de la repentance. Mais ils n'ont pas reçu le Saint-Esprit parce qu'il n'était descendu sur aucun d'eux. Ceux-ci n'étaient-ils pas baptisés dans l'eau et au nom du Seigneur Jésus-Christ ? Mais il leur manquait quelque chose que les Apôtres étaient obligés d'effectuer un voyage pour combler cela, cette chose qui manquait doit être apportée afin que la parole dite de Jean-Baptiste s'accomplisse : **le Saint-Esprit.**

Ils ont été baptisés dans l'eau mais ils n'avaient pas encore reçu le Saint-Esprit, c'est ainsi que Dieu dans sa grâce permettra que Pierre et Jean soient utilisés pour accomplir cette dernière tache. Es-tu baptisé dans l'eau ? Si oui, qu'est ce qui t'empêche de recevoir le baptême du Saint-Esprit ?

Le Saint-Esprit descend sur qui il veut et utilise n'importe quelle manière de le faire. Il n'ya pas une position ni une manière standard à adopter pour recevoir le Saint-Esprit. Les uns l'ont reçu en se faisant imposer les mains, par contre d'autres, c'est pendant qu'ils écoutaient la parole de Dieu qu'ils reçurent leur baptême du Saint-Esprit. Le Saint-Esprit travaille avec l'état du cœur de la personne. Si tu languis après lui, et que ton cœur est disposé à le recevoir, il descendra sur toi-même à seul dans ta chambre ou dans ton bureau. Si tu demandes au Seigneur de t'accorder son Saint-Esprit, car c'est ton héritage.
« *Si donc méchant comme vous l'êtes, vous savez donner de bonnes choses à vos enfants, à combien plus forte raison le père céleste donnera-t-il le Saint-Esprit à ceux qui le lui demandes.* » Luc 11 :13

Le Saint-Esprit est ton droit, c'est ce dont tu as besoin pour t'épanouir dans le Seigneur. Ne trouves-tu pas important le baptême du Saint-Esprit ? Ou n'as-tu jamais entendu parler qu'il y-a quelque part le baptême du Saint-Esprit comme les chrétiens de Ephese ?

2. Exemple des Ephésiens

« *Avez-vous reçu le Saint-Esprit quand vous avez cru ? Ils lui répondirent : nous n'avons pas mêmes entendu dire qu'il y-a un Saint-Esprit. Il dit : de quel baptême avez-vous donc êtes baptisés ? Et ils répondirent : du baptême de Jean. Alors Paul dit : Jean a baptisé du baptême de repentance disant au peuple de croire en celui qui venait après lui, c'est-à-dire en Jésus. Sur ces paroles, ils furent baptisés au nom du Seigneur Jésus. Lorsque Paul leur eut imposé les mains, le Saint-Esprit vint sur eux et ils parlaient en langues et prophétisaient.* » Actes 19 :2-6

Quelques Ephésiens ont reçu l'évangile et se sont faits baptisés dans l'eau. Ecoutez bien : dans l'eau et non aspergés d'eau, car s'il faut le rappeler, le baptême d'eau, est l'image de la mort et de la résurrection du Seigneur Jésus-Christ. Quand tu te fais baptiser dans l'eau, tu témoignes ainsi que Christ est réellement mort, enterré et qu'au troisième jour, qu'il ressuscita d'entre les morts parce qu'il a vaincu le séjour de mort et a brisé le joug de la mort.

Cependant, quand tu te fais asperger d'eau, quelle sorte de témoignage rends-tu ? Par cet acte, tu renie la mort et la résurrection de Christ. Tous les disciples ont pratiqué ce baptême par immersion. Personne d'eux, ne s'est laisser asperger d'eau, c'est à dire arroser d'eau. Même cet Eunuque Ethiopien rencontré sur le chemin par le Disciple Philipe, a accepté les eaux de baptême et tous les deux, Philipe et l'Ethiopien étaient descendus ensembles dans l'eau. Philipe a rencontré ce monsieur en plein désert mais pour que les écritures s'accomplissent et ne souffre d'aucun désagrément, le Dieu opéra un miracle en plein désert. Ce fleuve dans lequel ils étaient tous deux descendus, je dirai que ça été manifesté au même moment où cet homme a cru bon de se faire baptiser.

Philipe, pouvait, à cause de la haute personnalité de cet Ethiopien, lui suggérer de rester sur place sur son chariot, et il se proposerait d'aller lui-même chercher de l'eau dans un récipient avec lequel, il pouvait le baptiser. Car après tout, le baptême n'est-il pas juste un acte symbolique ? Détrompe toi sur cette vérité mon ami si telle est ta conception. Mais, ce ne fut pas le cas. La bible déclare qu'ils descendirent tous deux dans l'eau…..et ils furent sortis de l'eau.

En effet, les Ephésiens ont reçu le baptême de Jean, c'est-à-dire le baptême de la repentance ; mais ils n'étaient pas baptisés dans le nom du Seigneur Jésus-Christ comme Jésus lui-même l'a si bien déclaré dans *Mathieu 28 :19* « *…les baptisant au nom du Père, du Fils et du Saint-Esprit.* »

Quand Paul était venu et qu'il a constaté que les Ephésiens ont reçu le baptême d'eau, mais pas dans le nom du Seigneur Jésus ? Il les a baptisé à nouveau, cette fois-ci dans le nom du Seigneur Jésus-Christ et leur a imposé les mains et tous reçurent le Saint-Esprit.

Peut-être que, depuis ta conversion au Seigneur Jésus jusqu'à ce que tu ne lises ce livre, tu ne croyais pas au baptême du Saint-Esprit, peut-être que beaucoup de pasteurs t'ont fait comprendre que le baptême du Saint-Esprit était réservé aux Apôtres comme l'on me l'a dit il y-avait quelques années. Ou bien, tu es au courant de cette vérité mais tu as préféré resté fidele aux principes et dogmes de ton Eglise. Tu as jugé bon de rester tel que tu es. Ou encore tu as peur de tomber dans les hérésies tellement que le monde est devenu très compliqué aujourd'hui. Laisses-moi te dire que tu as décidé toi-même d'empreinter le chemin de la désobéissance. Si tu connais faire le bien et que si tu refuses délibérément de le faire en optant pour le mal, tu es en train donc de pécher.

Pour ceux qui ne connaissent pas et qui ignorent cette vérité, Dieu les amènera à comprendre cela et à accepter cette puissance d'en haut. Mais pour toi qui connait et qui refuses d'admettre cela, n'es-tu pas un incrédule ? Tu expérimenteras de très grandes choses au travers du baptême du Saint-Esprit, ne retiens pas ton cœur, effaces de ton esprit, toutes fausses vérités que tu as reçues des hommes et décides donc de croire à la parole écrite de Dieu et fait la confiance.

Aucune des personne qui a reçu le baptême, n'est restée jamais la même. Pierre qui est un peureux et qui ne pouvait même pas résister face à la déclaration d'une servante, a reçu le courage surnaturel et pouvait déclarer à n'importe qui pouvait l'entendre et à n'importe quel lieu, qui il est. Quand le Saint-Esprit est descendu sur lui, il pouvait ouvertement parler de Jésus qu'il a renié il y'a quelques semaines passées. Il parlait avec vie et autorité à un auditoire composé de toutes les couches de la société. La peur a fait place au courage. Aussi Paul pouvait écrire à son enfant bien-aimé Timothée sur ces termes :
« Car, ce n'est pas un esprit de timidité que Dieu nous a donné, mais un Esprit de Force, d'Amour et de Sagesse. » 2 Timothée 1 : 7

Paul ayant reçu l'imposition des mains de la part du disciple Ananias, s'est mis immédiatement à confondre les juifs par des vérités époustouflantes sur la nature divine de Jésus. Personne ne reste la même après avoir reçu le baptême du Saint-Esprit.

Témoignage

Je connais deux frères qui aimaient véritablement le Seigneur, mais ils n'ont jamais eu le courage de parler de ce Jésus qu'ils aiment tant aux autres, ni à leur propre famille. Ils avaient honte et peur de prêcher l'évangile à leurs parents et amis, ainsi qu'à leur entourage. Ils sont chrétiens de longue date, mais ils ont préféré taire le nom de leur Seigneur et Sauveur Jésus.

Le jour où ils reçussent le Saint-Esprit, ils ne pouvaient pas résister à sa voix. Ce jour, leurs parents eurent la grâce d'écouter l'évangile. Quand une personne est baptisée du Saint-Esprit, elle se voit se confier la charge des âmes perdues. Désormais, toutes ses entreprises ont pour but : atteindre coute que coute les pécheurs afin de les faire sortir de l'enfer. Parler de Jésus aux autres, devient quelque chose de normal pour elle. Elle ne se fait pas prier pour annoncer Jésus aux perdus. Voici donc la première attitude d'une personne qui est sous l'onction du Saint-Esprit. Pendant qu'elle se voit couverte de la plénitude du Saint-Esprit, elle peut voir l'accomplissement de la parole de Dieu dans sa propre vie. Les miracles, les prodiges, et d'autres choses extraordinaires prévues par Dieu, s'accompliront par toi si tu décides de croire au baptême du Saint-Esprit et d'en recevoir.

LE BAPTEME DU SAINT-ESPRIT SELON LA BIBLE

Parler du baptême du Saint-Esprit, encourager les bien-aimés à l'accepter sans pouvoir les montrer les dangers qu'ils courent, c'est les exposer aux pièges de l'ennemi. Mieux vaut être sans informations sur le baptême du Saint-Esprit que d'en être mal enseigné.

Nous avons des milliers des enfants de Dieu qui ignorent le baptême du Saint-Esprit, par contre beaucoup sont très mal enseignés là-dessus, s'exposant ainsi aux transes et autres manifestations démoniaques. Peux sont ceux qui connaissent la verité et l'appliquent dans leur vie.

L'homme, s'expose aux œuvres de ténèbres à cause de ce qu'il a toujours eu le désir d'apporter quelque chose de lui-même à ce que l'Eternel a déjà fait. Il veut aussi voir ses marques sur toutes entreprises de l'Eternel Dieu. Le diable n'est pas loin de nous comme beaucoup le croient. Quand le diable voit qu'il ya des portes ouvertes quelque part, il se précipite pour y entrer et opérer ses contre façons.

Prions que le Seigneur nous donnes des yeux spirituels pour pouvoir voir comment est ce que le diable se dissimile partout dans tous les programmes mêmes dits spirituels. Nous devrons être alertés par l'Esprit de discernement pour mieux appréhender les actes du diable et ceux du Saint-Esprit. Il est un voleur, et le père du mensonge, c'est aussi facile pour lui de se déguiser en ange de lumière. Pendant que nous nous réunissons au devant de notre père Dieu, lui aussi vient parfois se présenter.

« Or les fils de Dieu, vinrent un jour se présenter devant l'Eternel, et Satan vint aussi au milieu d'eux. Et l'Eternel dit à Satan : d'où vies-tu ? Et Satan répondit à l'Eternel : de parcourir la terre et de m'y promener. » Job 1 :6-7

Le diable est un vagabond qui parcourt la terre pour capturer ses proies, à nous d'être vigilent. Notre ennemi, sait qu'une fois être revêtu de la puissance d'en haut, toutes ses œuvres seraient démasquées, alors il passe par des moyens subtils pour amener les enfants de Dieu aveugles et ignorants de s'adonner au baptême des démons. Ils se font remplir des démons et le plus souvent, leur délivrance cause tant de problèmes.

1. Imposition des mains

La bible parle souvent de l'imposition des mains comme signe de bénédictions. Aussi l'imposition des mains est utilisée dans le baptême du Saint-Esprit. Notons que ce n'est pas une règle standard du baptême du Saint-Esprit, car le Saint-Esprit, utilise des voies qui lui sont préférables.

En imposant les mains sur les gens, celui qui les impose, se tient comme témoin et instrument sur le quel le Seigneur peut s'appuyer. Celui qui impose les mains prie et demande au Saint-Esprit de descendre. La personne qui se fait imposer les mains, en harmonie avec le Seigneur, attend par la foi son baptême du Saint-Esprit. Chaque personne peut expérimenter d'une manière différente le baptême du Saint-Esprit.

Aussi faudrait-il faire attention à la personne qui vous impose les mains ? Beaucoup des enfants de Dieu se précipitent pour recevoir l'imposition des mains de n'importe quelle femme et n'importe quel homme qui se disent de Dieu. Vous ne connaissez pas qui ils sont ; d'où viennent-ils mais vous acceptez quand même qu'ils vous imposent les mains. Faites très attention. Ce qui préoccupe souvent les bien-aimés, ce sont les mots de bénédictions qu'ils pourraient recevoir de la part de ces personnes. Ne vous fier pas aussi rapidement aux brusques changements qui pourraient se produire dans vos corps pendant que ces gens vous imposent les mains, car vous serez en train de courir un danger. Ne courez pas rapidement vers une personne que vous venez à peine de connaitre ou une personne que vous ne connaissez pas du tout, à moins que le Saint-Esprit ne vous oriente et ne vous convainc, ne vous aventuriez pas. Nous sommes aux fins de temps, soyons sur nos gardes et laissons nous diriger par le Saint-Esprit. Ne vous précipiter pas dans des choses spirituelles, que chacun use des fruits de l'Esprit qui sont la patience et le discernement, telle est ma propre prière.

A cause de l'ignorance et de manque de retenu, nous participons aux péchés de beaucoup de ceux qui se disent hommes et femmes de Dieu. Que la lumière du Seigneur éclaircisse notre lenteur et nous permette de saisir ce que Dieu voudrait bien que nous comprenions en ce dernier temps.

Il y'a des envoyés du diable partout aujourd'hui, ils ont remplis nos églises à cause de la fausse parole enseignée et du non discernement. Les loups ravisseurs déguisés en des agneaux sont en train de tout saccager sur leur chemin. En imposant les mains, ils transmettent des démons et connectent ainsi ceux qui reçoivent l'imposition de mains au monde de ténèbres. Nous observons des réactions spontanées et très désordonnées de beaucoup de frères et sœurs, ceci sous la manifestation des démons. Des réactions brutales sont observées pendant des cérémonies de baptême du Saint-Esprit ; baptême qui en réalité n'est pas le baptême du Saint-Esprit. Le baptême des démons. On peut cependant observer aussi certaines choses qui paraitront bizarre aux yeux du commun de mortel lors du vrai baptême du Saint-Esprit.

Nous devrons être très attentifs, très alertés de manière à démasquer les œuvres du diable. Tous les parlers en lague reçus lors du baptême du Saint-Esprit ne viennent pas absolument du Saint-Esprit ; faisons en très attention. Soyons vigilents car plusieurs hommes et femmes de Dieu, se sont laissés pris au piège de ces **« anges de lumière ».**

Que les pasteurs veillent sur leurs troupeaux et ne permettent pas aux gens qui ne sont pas dignes de foi de diriger les moments du baptême du Saint-Esprit. Nous sommes au dernier temps ; faisons attention. Ne sommes pas déjà au temps de la séduction des élus ? Que chacun y réfléchisse et préserve sa foi.

2. La visitation du Saint-Esprit

Le Saint-Esprit descend sur les fideles pendant qu'ils sont à l'écoute de la parole de Dieu, pendant qu'ils sont en train de se repentir, pendant le moment d'adoration, ou pendant même qu'ils sont en prière. Nous l'avons déjà souligné que le Saint-Esprit travail avec l'état du cœur. Le baptême d'eau, peut dans une certaine mesure être influencé par les décisions du pasteur ou des parents ; mais celui du Saint-Esprit, reste exclusivement l'affaire du Saint-Esprit.

Pendant que Pierre prêchait encore, le Saint-Esprit descendi.il était lui-même étonné de voir que le Saint-Esprit descende sur des personnes qui n'ont pas encore étaient baptisés dans l'eau. N'est-ce pas que Dieu est souverain dans toutes ses entreprises ? Si ton cœur est disposé à le recevoir, il ne tardera pas à descendre sur toi, même à seul, il te visitera.

Faisons attention à toutes ces personnes qui organisent le baptême du Saint-Esprit au bord du chemin. Qui sont-ils ? D'où viennent-ils ? Ce sont là des questions que nous devons nous poser pour ne pas tomber dans leur piège. En prêchant, même de loin, ces gens peuvent vous posséder si vous ne connaissez réellement qui ils sont. La connaissance de l'autrui commence par la connaissance de sa propre personne. Le plus souvent, dans leur cérémonie, ils envoient les démons posséder l'auditoire avec pour effet les transes, les cris bizarres et tant d'autres manifestations démoniaques, et le peuple naïf de tous les enchantements du diable, croit recevoir ainsi le Saint-Esprit.

Tu serais sorti de chez toi avec un ou deux démons, mais te voilà revenir de ces fameuses cérémonies avec une légion de démons. Naïvement, tu exalte de joie et disant à qui veut t'écouter que t'es baptisé dans le Saint-Esprit. Tu commence à manifester du zèle partout, du zèle amère.et toi-même tu n'arrives pas à contrôler tes réactions et tes propres pensées. Laisses moi te dire que tu es un possédé, il te faut une délivrance.

Nous devrons davantage chercher à connaitre la vérité au travers la parole du Seigneur afin de cerner par conséquent les contrefaçons du diable. C'est un véritable menteur, que personne te séduise, puisse cette parole :
« *Aucun n'enseignera plus son concitoyen, ni aucun son frère en disant : connais le Seigneur ! Car tous me connaitrons depuis le plus petit jusqu'au plus grand d'entre eux.* » *Hébreux 8 :11*

Devienne vie en toi. Connais Dieu s'il te plait. Ne t'adonnes pas aux pratiques démoniaques de ceux qui se nomment prophètes et autres, mais apprends à les connaitre au travers de ce que la bible parle les concernant. Sois attentif, leurs œuvres exposeront leur vraie nature au su et au vu de tout le monde.

Témoignage

J'avais assisté à une cérémonie du baptême du Saint-Esprit organisée par une église de la place que je préfère taire le nom ici. A voir les choses se dérouler, c'est un spectacle bien fait. Ce soit disant homme de Dieu qui dirigeait la prière, demandait aux gens de venir saisir le mouchoir qu'il a entre les mains et dès que ces gens se saisissaient de ce mouchoir, ils sont automatiquement projetés à terre et faisaient des mouvements très étranges. Cet homme a demandé aux autres personnes de toucher les baffles et qu'ils recevraient leur baptême du Saint-Esprit ces personnes sont entrées en transes dès qu'ils eurent touché les baffles. On se penserait dans un centre de jeu ou dans un cirque. Cela ne peut être absolument pas le baptême du Saint-Esprit.

Le baptême du Saint-Esprit, n'est pas une séance de spectacle. Le diable cherche toujours à impressionner. Ces hommes ne peuvent pas être du camp de Dieu, et mêmes s'il arrivait qu'ils le sont, ils n'auraient pas reçu l'enseignement qu'il faut sur le véritable baptême du Saint-Esprit. Ils se sont laissés enseignés par le père du mensonge, le diable. Ils sont dès cet instant à son service et non à celui de l'Eternel.

Pendant ce moment, tous les esprits méchants sont libérés dans la salle et ont pris possession de tous les objets, ils sont mis en contact direct avec ces méchants esprits.

Faisons attention aux contrefaçons et à tout déguisement du diable. Le diable sait qu'il y'a de pouvoirs et de puissances dans le Saint-Esprit. Voilà pourquoi il ferme les yeux des uns sur la verité du baptême du Saint-Esprit, les amenant à être incrédules face à cette vérité. Par contre il continue à baptiser d'autre des démons et les amène ainsi à comprendre que c'est cela le baptême du Saint-Esprit. Apprenons à connaitre les touches du diable dans nos entreprises. Il s'infiltre partout et gatte tout.

Aujourd'hui, beaucoup parlent en langue, peux sont ceux-là qui interprètent cette langue. Tous parlent-ils réellement en langue du Saint-Esprit ? N'y-a-t-il pas de parleurs de langue des démons ?

Que le Seigneur dans sa grâce, nous bénisse avec le don d'interprétation en langue du Saint-Esprit. Que chacun lui en fasse la demande, il est fidele et juste pour nous l'accorder.

CE QUE TU ES EN JESUS

A cause de ce que Dieu a renié à sa position divine en devenant homme, prenant ta place de pécheur, de rebelle et de condamné, aller jusqu'à prendre ta sentence sur la croix. Tu es si spécial à ses yeux. Tu as un prix considérable à tes yeux, et il est le seul à connaitre la valeur de ton prix. Tu n'es pas un n'importe qui.

Quand on connait sa véritable identité, on ne se laisse pas corrompre, ni décourager par le diable. Voici ce que tu es en Jésus, et ce que tu as aux yeux du Seigneur.

1. Enfant de Dieu

« Car vous êtes tous fils de Dieu par la foi en Jésus-Christ. » Galates 3 :26
Aussi dans l'évangile de Jean, la parole de Dieu te déclare que tu es enfant de Dieu. Un enfant de Dieu né, ni de la chair, ni du sang, mais de l'Esprit.

L'Eternel a décidé de te restaurer pleinement à lui. Il remet son image qu'il a ôtée de toi à cause de la chute du premier homme. Jésus est né d'Esprit, toi aussi au travers de lui tu reçois cette identité. Tu as donc reçu la grâce exceptionnelle : enfant de Dieu, tu l'es.

2. Temple de Dieu

« Ne savez-vous pas que vous êtes le temple de Dieu, et que l'Esprit de Dieu habite en vous ? » 1 corinthiens 3 :16

Dieu qui ne peut pas être contenu dans le ciel et que les cieux des cieux ne pouvaient pas être sa demeure, et qui fait de la terre son marche pied ; ce même Dieu, dit qu'il fait de toi et de ton propre corps son temple, son lieu d'habitation. Tu porte le Saint des Saints en toi. Tu es dons une sainte demeure de l'Eternel, un sacerdoce royal.

3. Ouvrier de Dieu

Dieu revient sur sa première vision et sa première maquette conçues à ton égard. Il t'a crée pour être son semblable et que tu sois son aide dans l'œuvre de sa création. Par Jésus, il te restaure à ce projet et tu deviens ainsi son Co-ouvrier.

Aujourd'hui, ton champ, ton entreprise, c'est de réconcilier les perdus avec leur père Dieu. Dieu s'est sacrifier sur la croix pour quiconque croit en lui, ne périsse point. Tu es appelé à amener les hommes à découvrir ce plan et de s'en approprier.

« Car nous sommes ouvriers avec Dieu. Vous le champ de Dieu, l'édifice de Dieu. » **1 corinthiens 3 :9**
« Puisque nous travaillons avec Dieu, nous vous exhortons à ne pas recevoir la grâce de Dieu en vain. » **2 corinthiens 6 :1**

4. Tu as tout en Jésus

Toutes tes bénédictions qui sont restées pendant des années cachées à cause de ce que tu étais séparé de Dieu, doivent être au découvert à tes yeux maintenant. Tu ne dois manquer de rien car en lui, tu as tout. L'Eternel Dieu a tout créé avant de créer l'homme ; ainsi, tout est mis sous tes pieds. Tu as reçu l'abondance aujourd'hui à cause de l'œuvre de Jésus-Christ sur la croix, tu es dans l'abondance.

« Car en lui, vous avez étés comblés de toutes les richesses qui concernent la parole et la connaissance. » 1 corinthiens 1 :

5. Tu as du prix aux de l'Eternel

A cause de toi, Jésus, Dieu qu'il est, est descendu, mourir pour toi. Il a donné sa vie en rançon pour que tu aies la vie sauve. Tu n'es plus un esclave, mais un racheté.

« Vous avez été racheté à un grand prix, ne devenez pas esclaves des hommes. »

6. Tu es un affranchi

Remettre en cause son salut à cause de ce que tu n'as pu rien faire pour le Seigneur, c'est donc rejeter l'œuvre de la croix dans sa totalité. L'on ne peut pas par ses propres œuvres mériter le royaume de Dieu. Avoir des telles conceptions, c'est se remettre à nouveau sous le joug étranger, le joug de la servitude. Le diable t'a culpabilisé et continuera toujours à te culpabiliser, c'est à toi de lui dire qui tu es. Tu as été racheté par le sang de Jésus pour être désormais libre.

« *C'est pour la libération que Christ nous a affranchis, demeurez donc fermes, et ne vous laisser pas mettre de nouveau sous le joug de la servitude.* » Galates 5 :1

Nous sommes, toi et moi libres, c'est bien vrai ; mais ne confondons pas les termes. La liberté, s'oppose radicalement au libertinage. Tu es libre, mais tu es tenu de respecter certaines lignes de conduites. Celui qui vit dans le libertinage, est indépendant, c'est une vie de rébellion une vie d'opposition face aux enseignements bibliques, c'est un esprit dissolu ; car cette personne n'a aucun principe de vie et n'a de compte à rendre à personne. Christ nous a affranchis du péché et de la mort, pour nous amener à la vie. Désormais, tu es appelé à coopérer avec le Saint-Esprit pour connaitre la volonté du père et de l'accomplir.

Celui qui vit dans la chair, accomplira les désirs charnels mais celui qui vit selon le Saint-Esprit, glorifie Dieu.

7. Tu es victorieux

Le diable et ses enfants ne te feront aucun mal, car le plus fort habite en toi. Tu as reçu le pouvoir de le vaincre. La tête du diable a été écrasée et exposée en spectacle sur la croix par le Seigneur Jésus-Christ. Il n'a aucun pouvoir sur ceux qui sont en Christ

Tu dois vivre et te comporter comme un véritable victorieux.

« *Voici, je vous ai donné le pouvoir de marcher sur les serpents et sur les scorpions et sur toute la puissance de l'ennemi et rien ne pourra vous nuir.* » Luc 10 :
Ne saisissant pas de ce pouvoir qui leur a été donné par le père au travers de Jésus-Christ ; plusieurs de ceux qui se déclarent enfant de Dieu, se laissent tromper par le diable.ils sont incapables de résister face aux attaques du diable.

Quand il arrive à tomber malades ou que l'un de leurs est malade ou possédé, ils se laissent vite vaincre par le diable, et accepte de signer de pacte avec lui comme s'il pouvait guérir et délivrer. Ils ne savent pas qu'ils ont reçu pouvoir d'imposer les mains aux malades et qu'ils seront gueris.ils ne savent non plus qu'au nom de Jésus, ils peuvent chasser les démons.

Témoignage

Mon petit frère de deux ans ne dormait pratiquement pas la nuit. Il fut dérangé ainsi pendant plusieurs mois. Au crépuscule, commence son périple voyage de pleur. Il montre de doigt là où il aimerait qu'on l'y mène. Même si l'on amène au lieu indiqué, il ne se sentait jamais soulagé et montrait de plus belle une autre direction.

Je rendis visite à mes parents et j'ai trouvé mon petit frère dans cet état peu appréciable. C'était dans cette circonstance que la bailleresse chez la quelle mes parents ont loué, a proposé à ma maman de consulter une voyante ; proposition que ma mère refusa catégoriquement en tant qu'une bonne chrétienne. Mais jusques à quand, résistera-t-elle ? Continuera-t-elle à regarder son enfant pleurer et souffrir ainsi tous les soirs ?

C'était justement à ce moment que j'eus la grâce de lire : RESCAPE DE L'ENFER ET DELIVRE DE LA PUISSANCE DE TENEBRE. Pendant que je lisais ces livres, j'ai pris conscience de ma vraie identité en tant que vainqueur sur toutes les puissances de ténèbres et de l'ennemi. Je me suis rendu compte que mon petit frère était possédé par les mauvais esprits et que la délivrance s'avère nécessaire.

N'ayant jamais participé à une séance de la délivrance, j'ai décidé de faire confiance au Seigneur et à sa parole. Il me fallait expérimenter toutes les vérités que je venais de découvrir au travers de ces livres de témoignages. J'ai expliqué à ma maman que mon petit frère est possédé et que nous devrions prier pour sa délivrance.

Ma maman et moi, avions commencé la séance de la délivrance une nuit pendant qu'il a commencé à faire ses crises. Nous étions debout environ quatre heures d'intense intercession et de louange. Les esprits méchants ont lâché prise leur captif et voilà enfin mon petit frère libre. Il pouvait maintenant dormir sans dérangement. Gloire à Dieu.

Le lendemain, ma maman dormait et dans le rêve, elle a vu deux chattons qui lui ont dit que c'étaient eux les amis à son fils et que leur but était de le tenir compagnie ; cependant qu'ils sont désolés de le quitter à cause de ce qu'elle et son fils ainé les ont menacés toute la nuit dernière. Elle s'est réveillé toute tremblante de peur. A sa grande surprise, ce que à son réveil, elle a vu les deux chattons qu'elle venait de voir dans le rêve, se positionnaient juste à son chevet. Elle les a commandés au nom de Jésus de quitter les lieux et de s'en aller pour toujours et ne jamais revenir.

Dès lors, mon petit frère n'avait jamais connu cette manière peu naturelle de pleurer toutes les nuits. Ses nuits sont donc redevenues normales.

Par cette expérience, j'avais réalisé par la première fois la puissance qu'il y'avait dans le nom de Jésus et aussi le pouvoir qui m'a été donné en tant que fils de Dieu. Le pouvoir que nous avons par Jésus, est une réalité, que personne ne le sous-estime.

Avec Dieu, tu renverseras tes ennemis.

8. Tu es justice de Dieu

Toi qui étais qui était séparé de ton créateur à cause de tes péchés, l'Eternel fait de toi sa justice en Jésus-Christ, le véritable Juste. Le coupable, le condamné, et le rejeté est devenu aujourd'hui le juste par le juste Jésus-Christ

« Celui qui n'a point connu le péché, il l'a fait devenir péché pour nous, afin que nous devenions en lui Justice de Dieu. » 2 Corinthiens 5 :17

Jésus le Saint a accepté de se donner pour que tu reçoives pleinement sa qualité. Le Seigneur ne te regarde pas comme le condamné, ni le coupable, tu es désormais justice de Dieu. L'accusateur qui est le diable, te ferra monter à l'esprit tous les péchés dans le but de te culpabiliser et t'amener à comprendre que tu n'es pas dignes aux yeux de l'Eternel et que ta place n'est pas au milieu des frères. Naïf que tu es, à cause de ton ignorance vis-à-vis de la parole de Dieu, tu crois à ce que le diable t'injecte dans l'esprit. Tu annules ainsi l'œuvre de la croix dans ta vie. Le diable t'a gagné dans cette bataille de vérité.

Tu dois lui déclarer que tu es Justice de Dieu non à cause de tes œuvres mais à cause de l'œuvre de la croix dans ta vie.tes péchés sont effacés par Dieu lui-même. Non seulement, ils sont effacés, mais Dieu, ne s'en souviendra pas de cela, telle est sa déclaration. Il te regarde comme une nouvelle créature, une personne régénérée. N'accordes pas au diable de t'accuser pour ce que tu as commis dans le passé et que pour cela, tu as déjà demandé au Seigneur de te pardonner.

« C'est moi, moi qui efface tes transgressions pour l'amour de moi, et je me souviendrai plus de tes péchés. » Esaie 43 :25

VAINCRE LES BLESSURES

Pourquoi les complaintes, les murmures, les échecs, les suicides et les coup-bats ? Au début de ce livre, quelques témoignages des personnes déçues par la société et par leurs congrégations, ont fini par se tailler un mode de vie à leur guise. Les uns ont opté pour la vie solitaire, d'autres par contre ont préféré la mort. Se disaient-ils que mourir ne valait-il pas mieux à la vie ?

Le diable est très content aujourd'hui de ce que heure après heure, il a des milliers des recrues. Il a mis tout sur pied pour captiver et capturer ses cibles. Peut-être que tu fais déjà partie de son clan, mais laisses moi te dire qu'il est encore temps pour que tu puisses te libérer car si tu pouvais encore lire ces lignes, tu pourras aussi te disposer pour recevoir le Seigneur Jésus comme ton véritable Seigneur et vivre la victoire. L'Eternel ne t'a pas crée pour vivre éternellement la déception. Ne te replis pas sur toi-même ; arrêtes un instant et dis toi ceci : « En Jésus, tout a été crée ; tout sans exception, y compris moi, sommes crées par lui et pour lui. » Colossiens 1 :16

Quand l'on connait véritablement son identité en Christ, il nous est difficile de céder même une petite portion de notre cœur au diable. Quand on connait qui on est, on l'assume et on la vit cette identité. Nous savons qui nous sommes, pourquoi sommes nous crées et à quelle fin sommes nous embarqués avec Dieu. Nous devenons, sans le vouloir parfois, très agressif vis-à-vis de l'ennemi. Entre lui et toi, c'est la répulsion radicale.

Il n'ya pas de places aux découragements, aux amertumes, à la colère, à la haine, aux divisions….car nous savons que tout ce qui nous arrive, bon comme mauvais, coopèrent pour réaliser notre bonheur dans l'accomplissement de notre destiné. Tu reste fermes face aux difficultés de la vie ainsi qu'aux agressivités du diable parce que par l'encre du sang de Jésus. Il a été écrit dans ton cœur que rien ne peut te séparer de l'amour de Dieu.

« car j'ai l'assurance que ni la mort, ni la vie, ni les anges, ni les dominations, ni les choses présentes, ni les choses à venir, ni les puissances, ni la hauteur, ni la profondeur, ni aucune autre créature, ne pourra nous séparer de l'amour de Dieu manifesté en Jésus-Christ notre Seigneur. » Romains 8 : 38-39

Ne te laisses pas vaincre par les tempêtes de ce siècle. Tu sais qui tu es en Christ, tu connais ton influence en tant que vainqueur sur le diable et ses Co-ouvriers ; pourquoi te laisser convaincre par celui qui a déjà échoué ? Uses de ta position et relèves le défit.

Le vide qui était en toi et qui te tourmentait au quotidien est désormais comblé par la présence permanente du Saint-Esprit. La peur n'a pas sa raison d'être en toi. Jésus lui-même s'est engagé à te tenir compagnie jour après jour jusqu'à la fin du monde.

En Jésus-Christ, tu n'es ignorant de rien, rien ne peut te surprendre car d'avance, le Seigneur te fait grâce de te révéler des choses cachées. A cause de ce que l'Esprit de Dieu est repandu sur toute chair, en tant qu'enfant de Dieu, tu ne resteras jamais dans l'ignorance ni dans la confusion. C'est bien toi qui surprendra l'ennemi dans son propre camp. L'Eternel Dieu te révélera des choses cachées pour que tu ne sois surpris par le diable.

« *Invoques moi et je te répondrai, je t'annoncerai de grandes choses, des choses cachées que tu ne connais pas.* » *Jérémie 33 :3*

Jésus semble absent de nos vies aujourd'hui à cause de mode de vie que nous-mêmes, sommes nous conçu. Aujourd'hui, les gens vivent ce qui les intérese, et non ce qui intéresse le cœur de Dieu. Nous lisons la bible de manière à situer là où se trouvent nos intérêts. Et quand le Seigneur se met à nous indexer, nous cessons de l'écouter et de le lire. L'indépendance a rempli le cœur de l'homme. Nos actes disent réellement tout haut ce que nous sommes véritablement : **Seigneur regardes mais ne dis rien de ce que je fais, et ne me dis pas ce que je dois faire.** Voilà le message que nous envoyons souvent au Seigneur. Dieu est absent dans tout ce que nous entreprenons, nous avons décidé nous-mêmes de l'écarter de nos entreprises. Quand malheur nous arrive, nous crions et sommes prêts à accuser Dieu. Nous le mettons souvent au centre de nos problèmes mais souvent exclu du centre de nos décisions. Dieu est pour beaucoup de personnes une poubelle, c'est vers lui, qu'elles envoient leurs ordures. Quand est ce que Dieu aura la place qu'il faut dans nos cœurs ?

Celui qui connait qui il est, fait de Dieu le mobile de son existence et lui accorde la place qu'il mérite dans toutes ses entreprises. Il ne vit pas pour lui même mais dédie totalement sa vie à Dieu. A ce stade, cette personne, ne peut jamais s'écrouler sous le poids de la blessure. Dieu panse mieux les blessures qu'un homme car de sa main qui blesse, d'elle provient la guérison.

Les gens s'en vont dans des églises, mais ils ne connaissent veritablement pas le Dieu de l'Eglise qui est le corps de Jésus. Ce sont ces gens qui le plus souvent, pour peu de choses, ressortent avec tellement de blessures. Ils sont les premiers à s'en prendre à Dieu. Le diable est en train de te gagner si, à cause de ce que tu as reçu comme blessure, tu as fini par renier la foi. Tu peux avoir tous les arguments, mêmes les meilleurs, mais laisses moi te dire que tu as lamentablement échoué. Tes arguments, ne tiendront pas devant l'Eternel.

Tu es né, et sauvé par le Seigneur Jésus-Christ pour vivre en communion avec tes frères. C'est en étant ensemble qu'on partage l'amour du Seigneur. Quand tu quitte les bien-aimés dans le Seigneur pour finalement rester seul, tu te retranches ainsi du corps de Christ. Il t'est accordé de quitter une communauté ou une congrégation pour te joindre à une autre pour une seule raison *: lors que celle-ci cesse d'enseigner la véritable parole de Dieu ; se considère meilleure que les autres et croit à ses dogmes et à ses leaders plus que la parole de Dieu elle-même*. De telles communautés, ne sont pas absolument en règle avec Dieu. Dieu a cessé, il y'a longtemps d'être Dieu dans ces communautés.

Quand Dieu nous fait grâce de quitter de telle communauté, nous devrons chercher la volonté de Dieu et intégrer immédiatement une autre communauté afin d'accomplir la volonté parfaite de Dieu. Si tu quittes pour ne faire partie d'aucune communauté, tu es dons en train d'être courtisé par ton ennemi juré, réveilles toi pendant qu'il est encore temps et reprends ta place, le Seigneur te guidera.

Le temps n'est pas au découragement, ni aux déceptions, mais à un combat acharné contre ce prince de ce monde qui continu de tenir captif nos bien-aimés. Par ces diverses failles observées ça et là dans nos églises respectives, le diable, cherche à nous détourner de notre objectif, nous faisant des déprimés, des déçus et des rancuniers. IL continu à gagner davantage de terrain dans nos lieux dits saints.

Ceux qui ont quitté la foi à cause de nombreuses blessures, reçues et ceux qui semblent tenir le coup malgré qu'ils soient découragés, tous doivent s'armer du courage et revenir à leur premier amour pour le Seigneur. S'ils reviennent de tout leur cœur, ils barreront le chemin au diable et ainsi, ils pourront établir le règne de Christ.

C'est justement pour ce but que toi et moi sommes crées. Tu es né à l'image de Dieu pour faire asseoir sa volonté sur cette terre. Reviens à ce but et établis le règne de Dieu sur cette terre en commençant par la conquête de ton cœur. Tout ce que tu traverses comme difficultés, a une solution. Rien n'est impossible à Dieu, rien n'est impossible non plus impossible à celui qui croit.

Les blessures reçues de nos différentes communautés chrétiennes, laissent en nous des cicatrices très vivantes. Pour arriver à la guérison complète de ces blessures, c'est tout un chemin de croix. Et c'est sur ce chemin que se pointe souvent le diable. Utilisant ces blessures pour parler plus fort que le Seigneur, et quand l'on n'est pas habitué à la voix du Seigneur ; ainsi, il est facile de confondre sa voix avec celle du Seigneur. Beaucoup se laissent convaincre par le diable et tombent dans le piège de l'ennemi. Nous devrons triompher de nous-même et triompher de nos blessures. Sachons que le Seigneur permet tout pour nous amener à vivre l'authenticité de sa parole.

Témoignage

Un jeune frère, déçu lamentablement par les hommes de Dieu, a fini par quitter l'église renié, la foi et n'a maintenant aucun amour, ni respect pour la chose spirituelle. Disait-il que toutes les églises sont dirigées par les hommes, par conséquent, elles sont pareilles. Ce frère est arrivé au point où écouter même la prédication ou lire la bible est pour lui une perte de temps. Il m'a dit un jour pendant que lui et moi, conversions au téléphone :
« j'intégrerai une communauté chrétienne, lorsque toutes ces communautés seront fusionnées et auront un seul nom. » il préfère adorer le Seigneur seul chez lui que d'aller écouter les hypocrites. Mais jusques à quand, tiendra-t-il échec au diable ? Le diable cherche des failles dans nos vies pour pouvoir accès à nos vies et les détruire. Ensembles, nous pouvons faire des très grandes choses, le Seigneur est fier quand il nous voit ensembles. Dieu aime l'unification et non la division jusqu'au point où son fils pouvait dire : « mon père et moi, nous sommes un. »

J'ai répondu à ce bien-aimé que ce jour dont il en parle et attends venir, sera la seconde venue du fils de l'homme. C'est à son retour que tous ceux qui sont enfants de Dieu, se réuniront au tour de lui et formeront une seule communauté pou l'élever et l'exalter véritablement. En ce temps, il n'y'aura pas un autre moment pour continuer la marche chrétienne sur la terre. Le retour de Christ, mettra fin à toutes nos querelles de dénominations.

A cause de ce que nous ne nous connaissons pas tels que Dieu nous connait, les circonstances douloureuses de la vie, et les menaces du diable, nous emportent si facilement.

Les blessures les plus profondes, ce sont celles qu'ont les a reçues de nos bien-aimés en Christ. Quand un non atteint te maltraite et te cause de dommages, c'est plus facile d'aligner ces problèmes et ces incompréhensions sur le dos de la persécution. Mais dès lors où nos propres frères dans le Seigneur, par mégarde ou délibérément nous blessent, nous voulons immédiatement riposter. C'est facile de voir si non d'entendre que les frères en Christ entretiennent une haine radicale dans le cœur les uns contre les autres.

Quelle sorte de règne que nous sommes en train de bien vouloir imposer à ce monde qui a tant d'exemples à nous donner et tant de reproches à nous faire ? Le diable utilise souvent nos propres frères pour nous décourager sur le chemin de l'obéissance, et plusieurs sont déjà tombés dans ce piège en allant renier Jésus. Beaucoup de ceux qui ne connaissent pas leur identité en Christ, se laissent facilement dominer par la déception et voient Dieu au traves de ces déceptions. **« Homme de Dieu qu'il est, s'il m'a fait cela, je préfère quitter l'Eglise et abandonner Jésus. »,**

« Ce Jésus qu'ils enseignent, n'est pas une réalité, c'est une invention de leur part pour me maintenir sous leur leadership. »

Non ! Non : détrompes-toi, Jésus n'est pas une invention de la part des hommes. Il est une réalité, il a existé, il existe, et est Eternel. Jésus est Dieu.

« Jésus est le même, hier, aujourd'hui et éternellement. » Hébreux 3 :8

Ne confesses pas par ton langage ni par ton comportement que la parole de Dieu est un mensonge. Ta place n'est pas parmi ceux qui se moquent de Dieu, tu es appelé à vivre en compagnie de tes frères, de ceux qui ont la crainte de Dieu et qui l'aiment de tout leur cœur.

Tu peux être un puissant homme de Dieu, mais si à cause de tes blessures, tu as fini par te retrancher de tes bien-aimés pour vivre seul, tu finiras un jour aussi par repartir en Egypte. Les concombres et les viandes de ce pays, te plairont et t'attireront de nouveau et t'amèneront à t'installer définitivement en Egypte. Penses' y. C'est ensemble qu'on peut se supporter, s'édifier, et s'encourager. Marchons d'un même pas. Tu es fait, et placé à mes cotés pour ma bénédiction, ma présence à tes cotés doit être pour toi une bénédiction. Nous sommes tous membres de corps de Christ. Si je suis l'œil, tu pourrais être les bras, l'autre, les pieds, ainsi, chacun a un rôle à jouer dans cet ensemble, nous formons un corps tout entier à la gloire du Seigneur. Voici donc le sens de l'église. Mais si tu te retranches, voudras-tu que le corps de Christ souffre de ton absence ? Tu as laissé ce corps mutilé, reviens et reprends ta place dans ce corps. Même si aux yeux des hommes, tu sembles être dévalorisé, Dieu, lui te considère et dit que tu es valeureux à ses yeux et qu'en revanche, tu es sa joie. Comprends-tu maintenant que ta place n'est nullement ailleurs que dans la présence de Dieu ? Comprends-tu que le Seigneur veut te voir constamment avec ses bien-aimés ?

Pardonner est un acte de grandeur et d'humilité, mais non un acte de faiblesse comme le pensent beaucoup de personnes. Tu as reçu de Dieu un pardon au dessus de l'entendement humain, tu es appelé à ton tour à pardonner. Tu dois pardonner. Pardonner quand tu es offensé, demander pardon quand tu as offensé, c'est bien ce que le Seigneur te demande de faire.

« Pardonnes-nous nos offenses comme nous aussi, nous pardonnons à ceux qui nous ont offensés. Matthieu 6 :12

Le pardon libère, le pardon restaure, le pardon béni, et le pardon élève. Le pardon venant de Dieu, rend rayonnant le visage de la personne pardonnée et de celle qui demande pardon. Si tu te dis enfant de Dieu, et que jusques à présent, tu refuses de pardonner et d'accorder ton pardon, tu es donc inefficace de servir Dieu dans la victoire. Ton cœur est rempli d'amertume à tel point qu'il n'y-a point l'amour des frères dans ton cœur.

Tu diras que c'est une chose d'écrire la vérité sur le pardon, et que l'appliquer en sera une autre, oui, tu aurais raison, mais devant le Seigneur, nous ne cherchons pas notre propre raison, mais plutôt celle de Dieu. N'est-ce pas que nous sommes déterminés à ne faire rien que la volonté de notre père ? Et si telle est aussi ta détermination alors accomplissons la loi de Dieu.

Dieu connait mieux la profondeur de nos blessures car rien de nous ne lui est caché, mais il nous demande quand même de pardonner. Nous n'avons aussi aucune raison valable devant le Seigneur pour ne pas pardonner. Qu'a fait Jésus de si mauvais et de si méchant pour recevoir tout ce qu'il a reçu comme injustice de la part des hommes? Injures, crachats, mépris, humiliation, rejet, fouets et crucifixion ? Voici ce qu'il a endurés mais il a demandé à Dieu de les pardonner, oui pardonner ceux qui l'ont persécutés et maltraités. Toi et moi, sommes disciples de Jésus-Christ et sommes tenus de suivre l'exemple de notre Maitre. Ce n'est pas toi qui iras le faire, le Seigneur sait davantage que tu n'as aucune force pour le faire, mais c'est lui qui pardonne à ta place et pour toi.

REPRENDRE SA PLACE

Lors que tu prends conscience de qui tu es véritablement, tu changes automatiquement et tu te dis : « suis-je réellement au bon endroit ? est-ce bien là où je dois y être ?... ». Ta manière de parler, de penser, et de réagir, changent à cause de ce que tu te connais. Une nouvelle identité, impose en toi une nouvelle habitude. Un esclave libéré, ne peut pas être sous les mêmes fardeaux et peines comme au par avant. Un esclave vit conforment aux principes d'esclavages et un affranchit selon les principes de la liberté, les principes des hommes libres. A un nouveau statut, une nouvelle habitude. Tu as connu la vérité par la parole et cette parole, te rend réellement libre. Es-tu réellement libre ?

« Vous connaitrez la vérité, et la vérité vous affranchira. » Jean 8 :32

La liberté prend racine dans nos pensées et notre pensée la communique à nos membres les uns aux autres et alors l'ensemble du corps doit expérimenter cette vérité communiquée. Ta pensée n'est-elle pas tenue captive ? Ramènes-la donc captive à l'obéissance de la parole de Dieu. Es-tu libre de pensée ou de corps ? Jésus donne la vraie liberté. La liberté que nous recevons de Christ, ne se situe pas seulement aux pensées ni au corps mais touche l'âme et tout l'être de la personne. Ton âme qui a été si longtemps tenue captive par le diable est désormais libérée de sa cage par le vainqueur Jésus-Christ.

Saches ceci, tu es un homme libre, tu es une femme libre, tu es un enfant libre, tu n'es pas sous la loi, tu n'es non plus lié à Adam. Aujourd'hui, par la grâce du Seigneur, tu es une personne à jamais libérée de toutes dominations sataniques. Jésus a payé un grand prix pour cette liberté. A cause de ce que tu es libre, tu dois reprendre ta place. Comme le fils prodige, reviens prendre ta place dans la maison de ton père. Beaucoup se disent libres mais ne cherchent pas à reprendre leur place devant le père, ils se plaisent au contraire dans leur mode de vie. Libérés, mais ils continuent à tourner sur place. Tu dois te décider de te mettre sur le chemin de retour vers la maison de ton père. Braves les difficultés et les mauvaises intempéries et reviens chez ton père.

Une personne qui a prit conscience de qui elle est, vit d'une nouvelle manière. Le diable a volé ta joie, ta réussite, ton bonheur et ton amour, au dessus de tout, ton autorité a été foulée au pied. Il a pris ta place de dominateur et a fait de toi son esclave. Voilà que Jésus lui-même te restaure à ta première place, ne faudrait-t-il pas aller dans le camp de l'ennemi récupérer ton identité volée ? Vas, récupères ta joie, ton amour, ton autorité, ta réussite…..Vas, ne t'arrêtes pas en chemin et ne recules non plus, fonces, le diable est en position de faiblesse, lui-même le sait bien. Jusques à quand resteras-tu assis et continueras-tu à regarder jouir ton usurpateur ?

Abraham n'a pas permis qu'on fasse de son frère un esclave. Il n'accepta non plus que les biens de son frère soient volés. Abraham savait qui il, était et connait la force qu'il détient et l'autorité qu'il an sur qui conque. Abraham est un homme qui connait son identité et il savait utiliser aisément en face de ceux qui lui en veulent du mal.

« Dès que Abraham eut appris que son frère avait été fait prisonnier, il, arma trois cent dix-huit de ses plus braves serviteurs, nés dans sa maison et ils poursuivi les rois jusqu'à DAN. Il divisa sa troupe pour les attaquer de nuit, lui es ses serviteurs, il les bâti et les poursuivi jusqu'à CHOBA qui est à gauche de DAMAS. Il ramène toutes les richesses, il ramena aussi LOT son frère, avec ses biens, ainsi que les femmes et le peuple. » Genèse 14 :14-16

Abraham livra bataille à ces ravisseurs et rapporta tout ce qu'ils ont volé et emporté. Tu es obligé d'aller dans le camp de l'ennemi pour récupérer tes biens volés, si non, bien qu'il sait qu'il est vaincu et que t'es un vainqueur, il, ne te les apportera pas lui-même. Tu dois l'attaquer dans son propre camp. Le plus souvent, nous nous résignons dans notre position et nous nous contentons de peu, si non des miettes que nous disposons et nous avons peur d'aller retirer ce qui nous revient de droit. Les enfants de Dieu aiment toujours mener un combat défensif et non offensif. Jésus est allé jusqu'au bout de sa mission, il est allé à la croix, symbole de la grande humiliation pour pouvoir sortir notre âme tenue captive par le diable. Si nous croisons les bras, nous continuerons à regarder nos biens détruits et emportés par le diable. Quand un terrain semble vierge, l'exploration du diable continuera à s'intensifier. C'est un insatisfait. Destructeur, voleur, menteur et accusateur, ce sont là ses qualificatifs. Sortons du mutisme qui nous caractérise et attaquons-le sur son propre terrain, terrain qui en réalité, ne l'appartient pas. La personne qui connait son identité en Christ, ne reste pas les bras croisés pour voir ce qui adviendra. Ce ne sont pas nos petites prières que nous elevons au moment où nous nous sentons attaqués qui font fuir les démons. Ils sont effrayés lors qu'ils sont en face de notre vraie identité en Jésus-Christ. L'on ne nourrit pas sa chèvre le jour du marché. Soyons des hommes et des femmes de combat. Que, nos mains soient exercées au combat comme le Roi DAVID.

Tu es en guerre contre le diable, que tu le veille ou non, le diable s'est érigé en ton ennemi à cause de ce que tu as décidé de rompre ton alliance avec lui en disant oui à Jésus. Que tu l'attaque ou que tu ne le fasses pas, lui, il t'attaquera. Ses coups sont souvent mortels, prends garde et veille afin de ne pas tomber dans ses pièges.

Le diable est un vaincu, Jésus l'a vaincu en triomphant sur lui par la croix pour toi et pour moi. Il est un humilié, car par la croix, il a été exposé. Il est un condamné, car son sort a été très longtemps scellé, il est destiné pour l'enfer, le feu qui ne s'éteint jamais.

Pour ce faire, quand nous faisons face à lui, nous avons cette grâce de la part du Seigneur Jésus-Christ de l'affronter en tant que vainqueur. Le privilège que nous avons, ce que, nous ne combattons pas nous-mêmes, c'est le Héro Jésus lui-même qui combat à notre place. Dans ce combat, saches que tu n'y es pas seul, d'ailleurs ce n'est pas ton combat. Le combat, l'appartient. Regardes sur la croix, et continues de maintenir le flambeau de la victoire.

LE DEFI RELEVER

Nous trouvons inconcevable qu'un petit terrasse un grand, cela dénote de l'ordinaire, car le plus souvent, ce sont les enfants qui sont dominés par les âgés. Naturellement, un enfant ne peut pas se battre avec un âgé, c'est absurde de penser cela ; car ce dernier aura toujours le dessus sur lui. Aujourd'hui avec l'avancé de la technologie et la monté fulgurante du mysticisme dans les arts martiaux, il n'est pas étonnant de voir un petit enfant tenir au respect un adulte, maitriser un grand monsieur. Le monde parle aujourd'hui de plus en pus de techniques dans le combat et non de la force physique comme naguère. Le vainqueur est souvent celui qui a su utilisé des techniques que sa propre force. Aussi faut-il ajouté que le vainqueur, c'est celui qui connaît mieux les techniques de combat de son adversaire ?il les connaît assez pour les contrecarrer voilà les principes de combat.

Spirituellement, nous avons à faire aux esprits et non à de forces physiques. Il n'y a que ceux qui se connaissent véritablement et qui connaissent mieux leurs adversaires dans tous les contours qui engagent de tels combats. Celui qui se connaît selon la connaissance de Dieu, se bat en s'appuyant sur Dieu et non sur ses propres forces. Dieu constitue ici les techniques de combat de cette personne. Aller faire face au diable en s'appuyant sur ses muscles, c'est décider de se donner comme une proie sur un plateau d'or.

Quand nous lisons l'histoire du petit David et de ce grand Goliath, la fin de cette histoire nous laisse toujours dans l'étonnement. Les uns apprécieraient la bravoure et le courage du jeune David, par contre, d'autres se moqueraient bien de la folie du Grand Guerrier Goliath. La vérité, c'est celle-ci : l'un de ces deux combattants, connaissait ce qu'il valait aux yeux de l'Eternel et a usé de sa vraie identité telle conçue aux yeux de Dieu pour faire face à son adversaire. L'autre, s'est laissé tromper et croyait être ce qu'il n'est pas en réalité.

Goliath voyait son apparence physique et la terreur qu'il semait dans les cœurs de beaucoup de gens y compris ceux de son propre camp, croyait être sûrement être le plus fort, l'imbattable, et l'indomptable. Son apparence physique constituait la base de son défi et de sa foi. Il n'avait peur de personne et il était convaincu de sa victoire face à ce minable David. Le diable l'a fait comprendre qu'il ne devrait avoir peur de personne et de rien. Goliath était saisi de cette vérité le concernant et savait que personne ne pouvait le défier. Goliath croyait être du bon coté et se donnait le plaisir de se moquer du camp adverse. Il a cru à son apparence physique et s'en est fermement appuyé.

Jour après jour, ainsi pendant 40jours, Goliath pouvait venir se tenir devant le peuple de Dieu et le narguer sans qu'aucun ne puisse relever le défi. Personne n'a pu dire non à Goliath à cause de ce qu'ils ne connaissent pas concrètement ce Dieu qu'ils adorent, par conséquent, ils ne se connaissent non plus. Les soldats qui étaient au front, ne connaissent pas si non pas reçu la révélation sur leur vraie identité selon le Dieu d'Israël. Ils ne savent pas que le Dieu que leurs pères ont servi, s'appelle EL-SHADAI et ADONAI. Peut être l'ont-ils expérimenté comme le Dieu d'amour mais non pas comme celui du combat. Personne dans le rang de l'armée du Roi Saul, n'avait reçu le courage de dire non à cet incirconcis et à cet irrespectueux.

« Le philistin s'arrêta, et, s'adressant aux troupes d'Israël rangées en bataille, il leur cria : pourquoi sortez vous pour vous ranger en bataille ? Ne suis-je pas le philistin, et n'êtes vous pas les esclaves de Saul? Choisissez un homme qui descende contre moi ! S'il peut me battre et qu'il me tue, nous vous serons assujettis. Mais si je l'emporte sur lui et que je le tue, vous nous serez assujettis et vous nous servirez. Le philistin dit encore : je jette en ce jour un défi à l ;'armée d'Israël ! Donnez-moi un homme et nous nous battrons ensembles. 1 Samuel 17 : 8-10 »

Personne ne pouvait relever le défi, car tous étaient ignorants de qui ils étaient. N'avaient-ils pas appris de la bouche de leurs pères, les exploits de la marche dans le désert ? N'avaient-ils pas lu qu'aucune Nation n'a pu faire face à Israël ? Peut-être se disaient-ils que tout cela était du passé et que ce ne sont que des histoires après tout ? Pensaient-ils que leur Dieu a changé ?

Ils acceptèrent d'écouter les belles injures de ce philistin, tout le monde tremblait dans le camp d'Israël y compris même le Roi ; car après tout n'est-ce pas lui qui devrait être au devant du front ? Où était-il ? Où se cachait-il pour ne laisser que la troupe devant ce philistin ? Personne ne pouvait lever la tête, ni lever le petit doigt, tous, par le silence, ont accepté la défaite. Israël, attendait dans une grande terreur sa défaite dans son camp sans pouvoir faire un seul pas vers l'adversaire. Israël ne voulait pas oser. Israël attend mener une bataille défensive. Qui pourrait se lever et dire : **« j'irai relever ce défi, et je marcherai contre cet incirconcis »** ? N'est ce pas là oser quelque chose d'impossible ? Personne ne voulait risquer sa vie pour la délivrance des autres. Chacun s'accrochait à son confort. On pouvait lire la peur dans les yeux de tout le monde, même le roi tremblait de peur et voyait la chute imminente de son royaume.

Le jeune David, n'était pas un soldat de l'armée de Saul, et n'était non plus habitué au combat. Il était venu au camp d'Israël apporter de la nourriture à ses frères et profiterait de cette occasion pour s'imprégner de leur nouvelle. David n'était venu pour être recruter, ni être enrôlé dans l'armée comme un soldat, il n'est pas venu non plus pour se battre avec quiconque que ce soit. David n'était pas certes un guerrier, mais il connaissait qui il était, et il avait véritablement expérimenté son Dieu. David connait son identité telle conçue aux yeux de l'Eternel. Il fut choqué de ce que l'armée du roi Saul, l'armée d'Israel fuyait ce philistin qui a eu l'audace d'insulter le Dieu d'Israël. Il fut choqué de ce que aucun de ces soldats n'a pu faire face à cet homme qui ne cessait de les défier jour après jour, ainsi 40 jours durant.

Ayant écouté l'arrogance de cet homme, le jeune David a décidé de relever le défi à cause du nom de son Dieu qui est en train d'être bafoué par cet incirconcis, un homme qui ne connaissait pas à quel Dieu, il avait à faire. David connaissait son Dieu, connaissait sa valeur, et connaissait de même ce que sa personne vaut aux yeux de ce Dieu. Enfin le peuple Israël pouvait voir un homme sortir du camp d'Israël faire face à ce philistin qui n'arrêtait jamais de narguer le Dieu d'Israël. Mais à la place d'un homme, c'est plutôt un jeune homme qui sorti du camp pour affronter le monstre des philistins. Les philistins ont trouvé ridicule le choix de l'armée de Saul. Goliath a trouvé cela comme une véritable insulte à son égard, mais il s'en est quand même bien moqué.

« *Le philistin regarda, et lorsqu'il aperçut David, il le méprisa, ne voyait en lui qu'un enfant blond et d'une belle figure. Le philistin dit à David : suis-je un chien, pour que tu viennes à moi avec des bâtons ? Et après l'avoir maudit par ses dieux, il ajouta, viens vers moi, et je donnerai ta chair aux oiseaux du ciel et aux bêtes des champs.* » **1 Samuel 17 : 42-44**

David ne s'est pas laissé intimidé, ni méprisé par les menaces du grand guerrier. Oh que la jeunesse comprenne cela, qu'à jamais qu'on ne méprise notre jeunesse. David a fait confiance à Dieu et croyait à sa force. Rien ne pouvait le faire reculer devant cet homme parce qu'il savait qui il est. David par expérience savait que ce n'est pas lui-même qui combattrait mais son Dieu viendra et combattra pour lui ; pour ce faire, il est au repos et rien ne peut le déstabiliser. Si les soldats et le roi Saul, connaissaient Dieu au passé, David lui, le connait au présent et continues toujours de l'expérimenter. Sa présence est manifeste et il peut encore le témoigner aux yeux de tout le monde.

« *Aujourd'hui, l'Eternel te livrera entre mes mains, je t'abattrai et je te couperai la tête, aujourd'hui, je donnerai les cadavres du camp de philistins aux oiseaux du ciel et aux animaux de la terre. Et toute la terre saura qu'Israël a un Dieu. Et toute cette multitude saura que ce n'est ni par l'épée, ni par la lance que l'Eternel sauve, car la victoire appartient à l'Eternel. Et il vous livre entre nos mains.* » 1 Samuel 17 : 46-47

Quand un homme connait qui il est, il est veritablement au repos, et il est un danger pour l'adversaire. Les menaces, les manigances et toutes tentatives de déstabilisations de diable, ne constitueront jamais un souci ni une quelconque peur pour de tel homme. L'homme qui se connait selon Dieu, ne se base pas sur ses propres capacités ni sur ses réalisations, mais s'appuie plutôt sur ce que l'Eternel a déjà accompli, il est ainsi au repos. Nous nous agitons pour peu de choses à cause de ce que nous avons saisi à peine notre vraie identité telle aux yeux de l'Eternel. Nous nous laissons scandalisés et la peur nous envahi plus vite car jusques à présent, beaucoup n'ont pas reçu toutes les révélations sur leur identité en Christ.

A la place d'un homme, c'est plutôt un jeune homme qui sorti et releva le défi à la honte des philistins, au respect et à l'admiration de l'armée d'Israël. Dieu ne travaille pas absolument avec la masse, ni avec l'apparence, ce qui compte pour lui, c'est la condition du cœur. David est un enfant certes, mais son cœur, n'était pas celui d'un enfant. Il avait un cœur d'homme. Dieu voit au cœur pendant que l'homme lui regarde à l'apparence. Puisse Dieu me faire cette grâce de regarder les bien-aimés avec son œil.

« *Et l'Eternel dit à Samuel : ne prends point gardes à son apparence et à la hauteur de sa taille car je l'ai rejeté. L'Eternel ne considère pas ce que l'homme considère, l'homme regarde à ce qui frappe les yeux, mais l'Eternel regarde au cœur.* » 1 Samuel 16 :7

David savait qui il était et s'avançait vers Goliath avec assurance et détermination. La taille et la masse de Goliath ne lui ont pas fait peur. David ne connaissait pas ce que l'on peut appeler la peur, il était très confiant en Dieu qu'il pouvait affronter chaque situation en tant que vainqueur.

Le cheval de bataille de David, c'est l'assurance de la victoire. David est allé à l'encontre de Goliath avec une conviction profonde que son Dieu allait relever le défi. David pouvait se dire que c'est inadmissible que son Dieu écoute de telles injures contre sa personne et se taise à jamais. Dieu doit agir et maintenant même, pouvait conclure David. Le cri de défi de vengeance, lancé, voilà le jeune David hors du camp de l'armée d'Israël en direction du camp adverse face au monstre des philistins redouté par tout le monde. Entre un enfant et une grande personne, il n'ya pas de combat. C'est bien ce qui n'a jamais été dit et jamais fait qui devrait se réaliser aux yeux de tout le monde en ce jour là.

David le petit, vient de terrasser le grand guerrier Goliath. Il n'avait pas eu combat, c'était une victoire sans bataille. Entre un enfant et une grande personne, il n'ya pas de combat, cette fois-ci, c'est bien l'enfant qui renversa la tendance. Victoire sur les ennemis, consolation et restauration de tout le peuple d'Israël. Goliath, s'est laissé tromper par son physique alors que David est vaincu sur la base de la révélation de sa vraie identité.

Aujourd'hui encore, nous enfant de Dieu, avons beaucoup de défis à relever, mais il n'ya pas pratiquement de David. Beaucoup aime rester dans le camp.peu sont ceux qui sortent de leur camp pour aller affronter leur Goliath afin de relever le défi.

Depuis déjà des mois et des années que le diable se pointe sous ton nez, te racontant de mensonges et tu continues de l'écouter sans lui dire non. Tu as accepté d'être le vaincu, tu attends qui pour mener le combat que toi, es appelé à faire ? David, c'est toi, lèves toi et dis au diable que ce n'est ni par ta propre force, ni par ton intelligence, mais c'est par l'esprit du Dieu vivant. Dieu ne te laissera pas seul dans ce combat, il fait de ton combat son propre combat, et il combat pour sa gloire. Tu es l'instrument qu'il veut utiliser pour convaincre le monde de la victoire de son fils Jésus-Christ sur le diable et montrer au diable sa place. Sur la croix, le diable a mordu la poussière, il a été exposé en spectacle et son autorité lui a été publiquement retirée.

Es-tu encore dans ton camp de confort ? Jusques à quand continueras-tu à te laisser défier par ce père de mensonge ? Jusques à quand accepteras-tu les blasphèmes contre ton Dieu ? Dieu attend de toi juste quelque chose : c'est ta disponibilité. Il veut utiliser ton corps, il veut t'utiliser comme un instrument pour faire taire le diable. Imposes silence à ton ennemi et défend le de ne plus bavarder en ta présence. Qu'il se taise à jamais. Si nous refusons de sortir de nos camps, l'ennemi ne tardera pas lui à nous assiéger. Il marchera contre nous et nous dominera parce qu'il n'ya aucune résistance sur son chemin. Même s'il ne t'attaque pas directement, il cherchera à te déstabiliser au travers de tes bien-aimés. Tu es appeler à veiller non seulement sur ta propre personne, mais aussi sur tes bien-aimés. Tu as été sauvé pour être un instrument de salut entre les mains du Seigneur, voilà ce qui doit caractériser ton identité. Tu as été racheté pour à ton tour racheter. Tu ne peux pas racheter si tu ne sors pas de ton camp de confort, ton camp de sécurité, ton camp d'abondance. Jésus-Christ a dû quitter son confort, son palais royal, pour venir nous racheter. Il n'ya pas de rachat sans un combat au préalable. Ton ennemi est planté là juste sous ton regard et te lance de défis, 40 jours durant, mais qu'attends-tu pour relever ce défi ? Attends-tu voir sortir un David sortir de ton assemblée, de ton église ou de ta dénomination pour aller livrer bataille? David, c'est bien toi, c'est toi David. Lèves-toi et imposes silence à ton ennemi. Tu as tout reçu pour ne pas rester assis et te cacher derrière ta dénomination, ta dénomination, ni ton église n'ira combattre ton combat. Ta place est en dehors du camp. Dieu te connait comme vainqueur, vas en tant que vainqueur, ne te laisse pas intimider.

RACHETER POUR RACHETER

Tu n'as pas été crée pour être assujettis, dans le plan parfait du Seigneur, tu es crée pour être son représentant sur cette terre. Ainsi il a mis tout sous tes pieds pour que tu uses pleinement de ton autorité.

Une fois que tu viens de prendre conscience de qui tu es aux yeux de l'Eternel, tu as la responsabilité d'amener ceux qui vivent encore sous la domination diabolique à être affranchis. Tu as reçu le mandat de leur enseigner leur vraie identité en Jésus-Christ. Tu es désormais investi d'une mission salvatrice. Ta mission, c'est le ministère de la réconciliation.

Le monde, se meurt et son cri monte vers le créateur. Du haut de son trône, il te donne cet ordre : vas et réconcilie le monde avec moi, réconcilies mes enfants avec moi ; rachètes les à moi car j'ai déjà payé le prix de leur rançon. Vas et ramène mes brebis au pâturage. Ceux qui sont dispersés et égarés par tout dans le monde, vas et rassemble les et montre leur le chemin à empreinter pour venir jusques à moi. Ce chemin, c'est bien mon fils Jésus que je les ai envoyé et qu'ils ont rejeté.

« *Car Dieu a tant aimé le monde, qu'il a donné son fils unique afin que quiconque qui croit en lui ne périsse point, mais qu'il ait la vie éternelle.* » Jean 3 : 16

Il n'ya aucun autre chemin que l'on puisse prendre pour venir à moi. il n'y a non plus quelque part de raccourcis J'ai tout mis à ta disposition pourvu que toi, tu viennes à moi. Je me tiens moi-même à la porte de ton cœur, je frape et j'attends ta réponse, ma prière est que tu répondes oui afin que ton âme ait la vie.

« *Voici, je me tiens à la porte et je frappe. Si quelqu'un entend ma voix et ouvre la porte ; j'entrerai chez lui, je souperai avec lui et lui avec moi.* » **Apocalypse 3 :20**

Vas et dis leur que je suis mort à leur place sur la croix. J'ai accepté l'humiliation, le rejet, l'abandon et le mépris des hommes pour leur accorder le salut. Par mon sang, j'ai purifié toutes leurs iniquités et leurs accorde la guérison de leur âme ainsi que de leur corps.

« *...et qu'il a été mis au nombre des malfaiteurs, parce qu'il a porté les péchés de beaucoup d'hommes et qu'il a intercédé pour les coupables.* » Esaie 53 : 12

Vas et dis leur que j'ai renié ma position de Dieu et j'ai accepté de descendre sous forme humaine, j'ai accepté l'humiliation et le rejet de la part des hommes pour pouvoir attirer ceux qui ceux qui étaient éloignés de mon père à lui. Et redonner la vie aux âmes mourantes. Dis leur que ce sont leurs péchés que j'ai portés en moi, je me suis chargé de leur douleurs et de leurs souffrances. Vas et dis leur que je leurs ai aimés et même aujourd'hui, mon amour pour eux, n'a pas changé, ma main reste toujours tendue attendant qu'ils la saisissent.

« *Qui a cru à ce qui nous était annoncé ? Qui a reconnu le bras de l'Eternel ? Il s'est élevé devant lui comme une faible plante, comme un rejeton qui sort d'une terre desséchée. Il n'avait ni beauté, ni éclat pour attirer nos regards, et son aspect n'avait rien pour nous plaire. Méprisé et abandonné des hommes. Homme de douleur et habitué à la souffrance, semblable à celui dont on détourne le visage. Nous l'avons dédaigné, nous n'avons fait de lui aucun cas.*

Cependant, ce sont nos souffrances qu'il a portées, c'est de nos douleurs qu'il s'est chargés, et nous l'avons considéré comme puni, frappé de Dieu et humilié. Mais il était blessé pour nos péchés, brisés pour nos iniquités. Le châtiment qui nous donne la paix est tombé sur lui. Et c'est par ses meurtrissures que nous sommes guéris. Nous étions tous errant comme des brebis, chacun suivait sa propre voie ; et l'Eternel a fait retomber sur lui l'iniquité de nous tous. Il a été maltraité et opprimé, et il n'a point ouvert la bouche. Il a été enlevé par l'angoisse et le châtiment. Et parmi ceux de sa génération, qui a cru qu'il a été retranché de la terre des vivants et frappé pour les péchés de mon peuple ? On a mis son sépulcre parmi les méchants, son tombeau avec le riche. Quoique qu'il n'ait point commis de violence et qu'il n'eut point eu de fraudes dans sa bouche. Il a plu à l'Eternel de le briser par la souffrance. Après avoir livré sa vie en sacrifice pour le péché, il verra une postérité et prolongera ses jours et l'œuvre de l'Eternel prospérera entre ses mains. A cause du travail de son âme, il rassasiera ses regards. Par ma connaissance, mon serviteur juste, justifiera beaucoup d'hommes, et il se chargera de leurs iniquités. C'est pourquoi, je lui donnerai sa part avec les grands. Il partagera les butins avec les puissants parce qu'il s'est livré lui-même à la mort et qu'il a été mis au nombre des malfaiteurs ; parce qu'il a porté les péchés de beaucoup d'hommes, et qu'il a intercédé pour les coupables. » Esaie 53 :1-12

Tu as la responsabilité de dire au monde que c'est moi Jésus qui suis la solution à son problème. J'ai crée l'homme, je le connais mieux que lui-même, je connais tous ses besoins et je suis le seul à pouvoir le satisfaire véritablement. L'homme ne peut pas trouver la solution de ses problèmes ni la satisfaction dans l'entreprise de ses mains. Je suis la satisfaction et la source de vie qu'il a besoin.

« Car en, lui ont été créées toutes les choses qui sont dabs les cieux et sur la terre, les visibles et les invisibles, trônes, dignités, dominations, autorités ont été créées par lui et pour lui. » Colossiens 1 :16

Je t'ai baptisé de mon esprit pour que tu me témoignes partout où je t'amène. Et saches que partout où tes pieds fouleront, je m'engage à être moi-même avec toi. Fais cela par amour pour moi, car si tu m'aimes véritablement, gardes mes commandements.

« Mais celui qui garde sa parole, l'amour de Dieu est véritablement parfait en lui. Par là nous savons que nous sommes en lui. » 1 Jean 2 :5

Vas et dis leur que j'ai vu leur souffrance et que les cris qu'ils élèvent jour après jours est monté jusques à mon trône. Dis leur que je t'ai choisi. Dis leur que c'est moi l'Eternel qui t'ai choisi pour leur faire sortir de l'enfer.

« L'Eternel dit : j'ai vu la souffrance de mon peuple et j'ai entendu les cris qui lui font pousser ses oppresseurs car je connais ses douleurs. »Exode 3 :7

Le Seigneur nous exhorte à aller partager ce que nous avons reçu de lui gratuitement. Nous devons nous disposer entre les mains du Seigneur comme des instruments inutiles pour son œuvre. Sachons que c'est un privilège de parler au nom du Seigneur et de sa part aux autres. Dieu pouvait choisir qui il veut pour proclamer son évangile, il peut même susciter des pierres pour cela. Nous ne sommes pas incontournables. Tu es un privilégié.
L'on n'est pas sauvé pour soi-même, nous sommes sauvés pour être une bénédiction pour ceux qui sont tenus captifs par le prince de ce monde. Les enfants de Dieu détiennent en eux la solution que le monde cherche tant, mais ils refusent de l'accorder, laissant ainsi mourir des milliers de personnes sous le poids de leurs fardeaux. Tu es la solution que ta famille cherche, tu es la solution que ta nation cherche, et le monde sait que c'est en toi que réside la réponse à leurs questions, ne fermes pas tes yeux sur eux, et ne permet pas que le pire leur arrive, si non cela restera dans ta conscience pour toute ta vie et fera de toi un esclave moral.

Vas vers ceux que la société a rejetés et abandonnés, vas vers les délinquants, les criminels, bref tous ceux que la société les nomme du non des bandits et des hors la loi ; dis leur que je ne suis pas venus pour les juger, ni les condamner. Je ne suis non plus venu pour les disperser. Dis leur que c'est bien pour eux que je suis descendu du ciel pour les réconcilier avec moi-même et avec mon père qui les aime tellement. Dis leur que je ne regarde pas à leurs péchés, mais je me souci plutôt de la condition de leur âme, et pour cette âme, j'ai donné ma propre vie. Vas et dis leur que, ce que j'ai besoin d'eux, c'est leur retour au bercail ; qu'ils se repentent de leurs péchés, qu'ils se détournent de leurs mauvaises voies et qu'ils me suivent. Dis leur que je suis un Dieu qui hait le péché, mais j'ai de la compassion pour le pécheur et mon amour pour lui est si grand. Vas et dis leur que ma colère ne tardera pas à s'accomplir sur ce monde déchu à cause d'eux. Je désire que le monde parvienne à la repentance.

Vas et dis à ces jeunes filles qui ont avorté, aux jeunes garçons auteurs de ces grossesses que mes bras sont restés ouverts pour les accueillir et les réconcilier avec moi-même. Dis leur, n'arrêtes pas de leur parler de mon amour pour eux, continues à parler, insistes et cherches à convaincre ceux qui sont incrédules et qui refusent délibérément de m'écouter. Ma parole est puissante, plus tranchante qu'une épée à deux tranchants, pénétrante jusqu'à partager âme et esprit, jointures et moelles, elle juge les sentiments et les pensés du cœur. Je suis le Dieu qui transforme le cœur de pierre en de cœur de chair. Vas et rassemble mes enfants et enseignes les ce que tu as appris de moi, je te donne pour guide et enseignant mon Saint-Esprit. Vas, ne recule pas.

Tu as reçu le mandat de la part de celui qui t'a tant aimé et qui s'est entièrement donné à toi sans réserve d'aller le témoigner à quiconque qui ne le connait pas, et supplier ceux qui se sont rebeller contre lui de revenir à lui. Ne vois tu pas que ton entourage est en train de mourir sans Jésus ? Même dans ta propre famille, tu as préféré fermer la bouche et tu n'as pas pu semer l'évangile dans les cœurs. N'aimes tu pas assez ta famille pour la voir se diriger vers l'enfer ?

Dieu, t'appelle aussi son témoin, voici une autre vérité sur ton identité, tu l'es par pur grâce. Témoigner Christ, devrait être pour toi un privilège, ne vois tu pas cela ? Témoigner c'est accepter de se donner comme sacrifice pour la cause de l'évangile. Un enfant de Dieu n'est pas égoïste, ni avare, mais plusieurs de ceux qui se disent enfant de Dieu, n'arrivent pas à parler de Dieu, leur père aux autres. Fais-tu partie de ces personnes ? Cesses donc d'être égoïste, partages ce que tu as reçu gratuitement sans contrainte.

Tu as déjà une semaine, un mois, un an, deux ans, cinq ans, dix ans, vingt ans, … dans la foi, tu vas chaque jour à l'Eglise, d'ailleurs tu fais partie de toutes les activités de ton église, mais tu n'as jamais conduis une âme au

Seigneur. Tu es resté stérile dans ta foi et cela ne te dérange même pas. Tes voisins, tes amis, tes camarades, et tes collègues et tes parents qui meurent sans avoir rencontrer Jésus comme Seigneur et Sauveur, ne te choque pas. Tu trouves mêmes normale cette situation alors que l'Eternel est ému pour ces âmes qui périssent. Prends gardes, si non ces âmes qui te connaissent très bien de leur vivant, témoigneront contre toi au dernier jour. Tu les connais et tu es conscient de leur destination, mais tu n'as point ouvert la bouche. Cesses d'être égoïste, tu es une sentinelle, et tu dois veiller sur ces âmes qui meurent.

« Quand je dirai au méchant : tu mourras !si tu ne l'avertis pas, si tu ne parle pas pour détourner le méchant de sa mauvaise voie et pour lui sauver la vie, ce méchant mourra dans son iniquité, et je te redemanderai son sang. »
Ezéchiel.3 :18

Celui qui connait son identité, ne se comporte pas de la sorte. Il assure bien son rôle et n'a pas besoin absolument qu'on lui rappelle son devoir. Il connait son devoir et l'assume pleinement.

Avec les animistes, tu te fais aussi animiste, avec les musulmans, tu te montre plus musulman. Tu n'as aucune couleur et personne ne connait véritablement ton identité. Parles-tu d'être indulgent, laisses moi te dire que même toi, tu ne connais pas qui tu es. Il faut que le monde sache qui tu es, et quelle est ta véritable couleur. Tu dois avoir une identité et la protéger jalousement. Nous devons faire la paix avec ceux qui nous entourent, c'est vrai ! Mais faire la paix, ne veut dire pas accepter la mort de son prochain. C'est méchant et très cruel ce que nous adoptons comme comportement. Sortons de ce mutisme et laxisme spirituel et apportons à ce monde ce dont il a besoin, ce dont son âme a besoin. Nous avons peu de temps, ainsi nous devons nous assurer de ce que la parole de Dieu est semée dans les cœurs. Le temps ne nous appartient pas, il appartient à l'Eternel, apprenons à gérer ce temps de manière à rendre toute la gloire à l'ETERNEL. Celui qui connait son identité, se charge du joug de l'Eternel et non de son propre joug, ni de celui de l'autrui. Le joug de l'Eternel est doux et léger. Partager l'évangile, est la meilleure des choses que nous ayons reçue et qu'il fallait le faire avec empressement. Le monde se meurt et sans Jésus, il va à sa perdition éternelle, c'est toi qui es appelé à l'avertir du danger qui le guette et lui montrer le bon chemin à suivre, ce chemin, c'est Jésus. Tu l'as connu, s'il te plait, fais le connaitre au tour de toi, dans ta famille, dans ton lieu des études, dans ton travail, dans tes affaires, et dans tous les lieux que ton pied foulera.

Tu es le représentant du royaume céleste sur cette terre, ton devoir, c'est de faire connaitre ce royaume et prévaloir ses intérêts auprès des autres. Tu dois les amener à le connaitre à l'aimer, à croire en lui, à l'accepter et à y entrer pour jouir de toutes ses prérogatives. Beaucoup par peur d'être maltraités, hais, rejetés et tués, n'osent jamais décliner leur identité dans le Seigneur. Si tu le fais ainsi, tu es sur le chemin de reniement de Christ comme l'était Pierre dans les brèves heures de l'arrestation de son Maitre. As-tu honte de parler de ton Maitre aux autres ? Si tu es dans cette situation, sors de là, si non le Seigneur Jésus aura honte de toi au dernier jour.

« Mais quiconque me reniera devant les hommes, je le renierai aussi devant mon père qui est dans les cieux. » Matthieu 10 :33

Un Américain a-t-il peur de dire qui il est? A-t-il honte de déclarer qu'il est Américain ? Mêmes si les africains, beaucoup veulent renier leur identité, saches que toi, tu es au delà d'une nationalité quelconque. Pour le fait que tu aies donné ta vie au Seigneur Jésus-Christ de Nazareth, toute la terre est sous tes pieds, non seulement, tu assujettis le monde, mais au-delà de cette vérité, tu es désormais citoyen céleste. Si le monde te rejette, c'est normal. Il a rejeté ton Maitre, il doit te rejeter, c'est cela la loi.

« Le disciple n'est pas plus que le Maitre, ni le serviteur plus que son Seigneur. Il suffit au disciple d'être traité comme son Maitre, et au serviteur comme son Seigneur. S'ils ont appelé le Maitre de la maison Béelzebul, à combien plus forte raison appelleront-ils les gens de sa maison ! »**Matthieu 10 :24-25**

Pourquoi as-tu honte de dire qui tu es aux yeux du monde ? Il faudrait que le monde sache qui tu es ; fais le maintenant en commençant par ton entourage immédiat. N'accordes aucune plate forme au diable afin d'utiliser pour te confondre ; et cesses de te confondre toi-même.

POURQUOI LES DIFFICULTES

Nous appelons difficulté, tout ce qui s'oppose à notre but, et l'empêche de se réaliser et nous dévie si non voudra nous dévier de notre objectivité. Du genre féminin, le mot difficulté est défini comme ce qui a un caractère difficile, il est synonyme à la complexité, complication, obscurité, subtilité. C'est le contraire de la commodité, facilité, simplicité. C'est un obstacle à surmonter. Il est aussi rapporté aux mots accros,affaire, desagrement,embarras,embuche,empechement,ennui,entrave,obstacle,opposition,pierred'achoppement,problème,souci,tiraillement,tracas,tracasserie .On peut en citer tant d'autres mots afin de mieux cerner la définition de ce mot. Cependant, il faut se dire que toute difficulté cause tant de colère et de frustrations.

Nous sommes appelés des privilégiés, des héritiers du royaume de Dieu, mais pourquoi tant de difficultés ? Nous ne voudrons pas que l'on nous dise que c'est pour notre bien que nous vivons ces difficultés. Pour nous, il est inconcevable que telle ou telle autre difficulté se place sur notre chemin. Les difficultés sont de différentes formes et nature : elles peuvent être d'ordre matériel, financier, humain, psychique et spirituel. Lorsque nous voyons comment le monde vit, apparemment, il y va sans difficultés et ainsi même en étant dans le camp de Dieu, nous convoitons le monde et aimerions être à sa place. Détrompons-nous de ce que nos yeux nous montrent souvent. Et si le monde doit prospérer et avancer comme nous voyons, pourquoi lui en vouloir surtout quand on sait que nous ne sommes pas du même bord ?le Psalmiste a conseillé ceci au juste : « gardes le silence devant l'Eternel et espère en lui ; ne t'irrite pas contre celui qui réussi dans ses voies, contre l'homme qui vient à bout de ses mauvais desseins. Laisse la colère, abandonne la fureur ; ne t'irrite pas, ce sera mal faire. Car les méchants seront retranchés, et ceux qui espèrent en l'Eternel posséderont le pays. Encore un peu de temps, et le méchant n'est plus ; tu regardes le lieu où il était, et il a disparu. »**Psaumes 37 :7-10** .Nous oublions immédiatement que nous avons rompu avec le monde d'une manière radicale et que y repartir, c'est signer son acte de peine capitale.

Dans les difficultés, nous faisons comme s'il n'a été fait mention de ce mot 'difficulté' dans les saintes écritures. Issus de diverses nations, régions, et ethnies, le Seigneur Jésus nous a sauvés. Chaque personne a déjà reçu des enseignements et fut éduqué sur des fondements qui sont jugés dignes selon sa famille et selon son tribut. Quand Dieu nous fait grâce d'être sauvés, nous devenons automatiquement sa propriété, et il décide dès cet instant de faire de nous ce que Lui, veut, et non ce que, nous, voulons. N'est-ce-pas là aussi l'un des termes de notre réconciliation avec lui ? Qu'implique cette déclaration que nous avons l'habitude de faire au Seigneur : « Seigneur, prend ma vie et fais d'elle ce que tu voudras. » ? Est-ce par plaisir, poussé par le zèle amer ou par conviction et sincérité que nous avouons cela ? Si tu as déclaré un jour cette parole de consécration et d'amour au Seigneur, ne sois pas surpris qu'IL te malaxe à tout moment comme de l'argile, et toi, gardes le silence.

Le Seigneur ne tient pas compte de nos formations et enseignements précédents, nous entrons dans une nouvelle école avec lui le jour où nous avons décidé de nous livrer totalement entre ses mains. L'une des premières filières à apprendre dans cette école de Dieu, c'est **l'endurance.** Les matières dans cette filière sont entre autre :

- ✓ Mal compréhension
- ✓ Incompréhension
- ✓ Frustration
- ✓ Soucis
- ✓ Stress
- ✓ difficulté

Et pour nous faire assimiler ce
s leçons, le Seigneur Dieu utilise l'instrument fondamental qui est le **'creuset de l'or'.**

Bien-aimé, si tu as réellement donné ta vie au Seigneur, les difficultés sont inévitables ? Tu n'es pas donc exempte de cette école. Nous sommes entre les mains du Seigneur comme de l'argile, il nous donne continuellement la forme qu'il désire et souhaite, nous devons juste nous conformer à cela. L'argile a-t-elle de la bouche pour pouvoir dire à son potier : « pourquoi me déformes-tu souvent » ? Et si nous sommes de l'argile entre ses mains, pourquoi continuons-nous à en vouloir au Seigneur ?

Le creuset de l'or est rempli tellement de difficultés causant beaucoup d'amertume ; mais si toi et moi voudrions bien être utilisés entre les mains du Seigneur et lui permettre de s'en glorifier, nous devons accepter de passer par cet exercice. L'un des objectifs de creuset de l'or, **c'est l'obéissance et la soumission stricte au Seigneur**. Perdus, nous étions, chacun errait de son coté et ne sait où aller. Nous étions sans maitre et sans conducteur. Dans cette condition, nous n'avons pas appris l'obéissance. Nous étions des rebelles mordus. L'Eternel Dieu a besoin des fideles des loyaux et des véritables soldats dans son camp.

> « *Celui qui, dans les jours de sa chair, ayant présenté avec des grands cris et avec larme des prières et des supplications à celui qui pouvait le sauver de la mort, et ayant été exaucé à cause de sa pitié, a appris bien qu'il fut fils, l'obéissance par les choses qu'il a souffertes.* » Hébreux 5 :7-8

Regardons de plus prêt ce verset, et disons nous est-ce-que Christ, le Dieu, a besoin de souffrir avant d'apprendre l'obéissance ? A-t-il besoin de passer d'abord au travers de la croix pour se soumettre à son père, Dieu ? N'est-ce-pas que c'est pour nous que Christ a fait cette expérience ? Le jour de sa chair, c'est-à-dire, pendant qu'il a incarné encore l'homme mortel, c'était nécessaire pour lui de passer par cette expérience, Jésus-Christ, Esprit de Dieu qu'il est, n'a pas absolument besoin des difficultés avant de faire asseoir en lui l'obéissance. Ce verset met en exergue, la crucifixion de la chair. Notre chair doit être crucifiée. Et cela par tant des peines et des difficultés. Nous voulons être utilisés par le Seigneur mais nous refusons d'être entre ses mains comme de l'argile. Nous voulons donner à Dieu des directives et des règles à observer comme si nous sommes aussi importants sans Dieu lui-même. L'argile parle-t-elle ? A-t-elle de la bouche pour parler ? Nous voulons utiliser Dieu, mais rarement, nous nous laissons entre ses mains pour qu'il nous utilise. Nous voulons être des puissants hommes, des personnes puissamment ointes mais nous ne laissons pas la main libre à l'Eternel de faire sa volonté en nous.

L'Eternel laisse ses empreintes dans nos vies. Il n'ya eut absolument pas eu des grands hommes sans avoir eu au préalable des grands défis. Pour atteindre des grands buts, tu dois affronter des grands obstacles. Des héros ça se fait au bout des combats. Mais, notre illusion, c'est que, nous voulons se faire appeler des héros sans avoir connu des combats.

Le Seigneur Dieu permet des difficultés dans nos vies, pour tester notre caractère, former en nous sa véritable personnalité, nous équiper afin d'affronter toute situation prévue, comme imprévue. Il n'est pas donner à tout de traverser des difficultés, il n'ya que des privilégiés qui connaissent les difficultés. Aussi chaque privilégié vit des difficultés conformément à son objectif et son appel prédestiné. Tous sont embaqués dans une même école, mais ce ne sont pas tous qui font la même filière, cependant, même ceux qui sont dans la même filière, ne sortent pas de là pour les mêmes causes.

Dans le creuset de l'or, nous sommes traités, épurés et nettoyés, de telle sorte qu'à chaque processus, des velléités, des impuretés, et des tares sont extirpés, ôtés, et débarrassés. Notre personnalité, notre honneur, notre dignité, est mise en cause pendant ce traitement, car en nous-mêmes, il n'ya rien de bon ni de meilleur que le Seigneur puisse utiliser si ce n'est sa propre nature. La durée et la manière du traitement, dépendent exclusivement du Maître ; il nous connait et pour cela, il utilise tout ce qui est à sa disposition pour nous faire sortir de ce creuset conforme à sa maquette conçue pour nous. Nous aimerions tant rendre ministère aux autres mais nous refusons celui de notre Maitre, alors nous rendons donc ministère de qui et pour qui exactement ? Nous passons plus de temps à parler de nous-mêmes aux autres. Nous sommes vus au quotidien, nos exploits sont au vu et au su de tout le monde et nous en tirons gloire, mais à qui doit revenir la gloire ?

Le but des difficultés, difficultés que je considère comme des défis **c'est l'humilité.** Dieu a besoin de travailler avec des personnes réellement humbles. Ce sont des personnes brisées qui acquièrent ce caractère. Tu ne veux pas te laisser briser mais tu veux quand même qu'on dit que tu es humble, et qu'on te cite parmi les serviteurs. Quand une personne est brisée, elle sait qu'elle n'a aucune importance et que tout ce qu'elle fait est accompli et accordé par pur grâce. Elle ne croit pas à sa propre force, ni à sa propre sagesse. Elle ne connait non plus le **'moi'** ni le **'je'**, ses lèvres ne proclament que le **'IL'**

VAINCRE LES DIFFICULTES EN TANT QUE VAINQUEUR

Détrompons-nous de cette fausse vérité selon laquelle un enfant de Dieu, n'est jamais confronté aux difficultés. C'est un mensonge du diable. Quand nous ne comprenons pas bien cette vérité, à chaque fois que nous sommes dans les difficultés, nous nous culpabilisons et nous nous laissons conduire par des pensées négatives et destructives. Et nous tirons conclusion à ces difficultés que nous sommes séparés surement du Seigneur. Nous pouvons entendre les frères dirent : « ce n'est pas pour rien que tu vis ces problèmes, surement, ce sont les conséquences logiques de tes péchés. Tu récolte ce que tu as semé, tu es sous la colère de Dieu. La maladie que tu as est la manifestation réelle de la colère de Dieu à cause de tes transgressions. » Nous attribuons de mensonges au Seigneur. Ainsi, c'est le mal qui est appelé le bien, et le bien prend le nom du mal.

Il n'est pas exclu qu'un enfant de Dieu ne connaisse les souffrances et les problèmes. Ce n'est pas parce que tu vis dans des problèmes que tu es séparé de Dieu. Job qu'a-t-il fait de si mauvais pour mériter toutes ces difficultés et ces souffrances si cruels ? Avait-il offensé Dieu ? Était-il sous la colère de Dieu ?

La différence qui existe entre nous et ceux qui sont encore attachés au monde, est, que nous traversons ces difficultés en tant que vainqueurs et que ces difficultés sont des épreuves testant notre engagement et notre fidélité au Seigneur alors qu'eux, les traversent en espérant remporter la victoire. Aussi ne vivent-ils pas dans les difficultés qui symboliseraient ici le jugement de Dieu si non les voies que le Seigneur utilise pour les amener à Lui ? Fils de Dieu que nous sommes, nous nous servons de nos difficultés et de nos échecs pour rendre gloire au Seigneur car la victoire, nous l'avons déjà.

Les vendeurs d'illusions dans les églises prêchent la prospérité, la réussite, l'élévation et la gloire mais ils n'enseignent pas à leur auditoire ce que c'est le chemin de la gloire. Le chemin de l'élévation est malheureusement pour eux, parsemé des épines, des roches et des barricades que tout vainqueur, doit déraciner, enlever et détruire. Qu'ils croient ou non à cette vérité, c'est ainsi que notre Seigneur agi. Que Dieu soit Dieu et que le diable demeure ce qu'il est. La vie chrétienne n'est pas la sorcellerie, ni moins une facilité, c'est une vie normale en Jésus. Le chemin de la gloire est un chemin périlleux. Notre Seigneur Jésus par sa vie sur la terre a su nous montrer l'exemple. Il a passé par tous les maux :

- Il a connu la faim : « *le matin, en retournant à la ville, il eut faim.* » Matthieu 21 :18
- Il a connu la tristesse : « *Jésus la voyant pleurer elle et les juifs qui étaient avec elle, frémit en son esprit et fut tout ému ... Jésus pleura.* » Jean 11 :33-35
- Il, a connu, le rejet et l'abandon : « *alors tous l'abandonnèrent et prirent la fuite.* » Marc 14 : 50
- Il a connu la moquerie, les injures : « *Les hommes qui tenaient Jésus se moquaient de lui et le frappaient.* » Luc 22 : 63-65
- Il a connu la fatigue et la soif : « *là se trouvait le puits de Jacob, Jésus fatigué du voyage, était assis au bord du puits... ? Jésus lui dit : donnes moi à boire.* » Jean 4 :6-7
- Il a connu le mépris et des fausses accusations : « *Les principaux sacrificateurs et les scribes étaient là et l'accusaient avec violence. Hérode avec ses gardes, le traita avec mépris...* » Luc 22 :10-11

Mais le Seigneur Jésus savait que toutes ces souffrances et difficultés l'amenèrent vers l'accomplissement de sa mission et le couronnement de son élévation. La bible déclare que c'est au travers de la souffrance qu'il a appris l'obéissance qui l'a conduit jusques à son élévation.

Peut-être qu'on t'aurait raconté qu'un enfant de Dieu, ne souffre pas et ne connais point de problèmes, ça peut être des langages de courtoisie qu'empreintent le plus souvent les évangélistes non avertis et remplis de zèle amère. Détrompes-toi de ces mensonges. Le diable aime la facilité, il impressionne et capte souvent ses cibles par la vie facile. N'est-ce pas là, la cause indéniable de nombre accrue des sectes évangéliques et des loges mystiques ? Ce n'est pas par ce que tu en train de souffrir que tu es un abandonné de Dieu, ou ce n'est pas que tu es aisé que tu es véritablement aimé de Dieu. Dans l'abondance comme dans les difficultés, Dieu se manifeste. Notre Dieu est au-delà de ce que nous voyons et croyons déjà saisir. Dans sa parfaite souveraineté, il est insaisissable. Arrêtes d'accuser le Seigneur, commences à le bénir pour tout ce que tu as, et pour tout ce que tu es (pauvre ou riche, petit ou grand...) Dans toutes les circonstances de notre existence, nous devons bénir le Seigneur. Le meilleur pour toi, c'est d'avancer avec le Seigneur et pour le Seigneur même si c'est lentement, que ton seul plaisir soit l'accomplissement de toutes les promesses de Dieu pour ta vie. Tu n'es pas appelé à la pauvreté, ni aux difficultés mais ces choses sont là pour t'accompagner dans ton lieu d'élévation. Ces manquements et atrocités sont pour toi une monture, un moyen de déplacement, te permettant d'atteindre ton apogée dans le Seigneur. Il faut que tu connaisses les problèmes, il faut que tu connaisses les difficultés, il faut que tu connaisses les humiliations, il faut que tu connaisses la honte, l'ignominie et le rejet pour que tu sois capable de faire taire ta chair et laisser le Seigneur parler en toi. Bien-aimé, n'est ce pas cela crucifier la chair ? Notre chair a tendance à parler plus fort que l'Esprit de Dieu qui est en nous, il n'ya que les épreuves qui puissent la faire taire. Oui la faire taire à condition que nous acceptions d'appliquer toutes les leçons que le Seigneur au travers de ces difficultés nous enseigne car respecte-Il aussi notre volonté ?

Dieu a montré par deux fois au jeune Joseph ce qu'il doit être, Joseph savait sa destiné et est convaincu de ce qu'il sera. Les visions l'ont clairement attesté. Mais sachons ceci, dans aucune des ces visions, il n'est fait mention des souffrances et difficultés qu'il endurera. Joseph a juste vu la gloire et l'élévation. Quant à la révélation sur le chemin de cette élévation, Dieu a jugé bon de la garder secrète pour lui.

Ce n'est pas parce que Joseph a été vendu par ses frères, esclave chez Potiphare, emprisonné que l'Eternel Dieu, lui aurait déjà abandonné ou rejeté. Dans toutes ces souffrances, Dieu y était, et par sa puissante main, il contrôlait les choses et permettait que tout cela coopère pour le bien de Joseph. Joseph pouvait se demandait si, ce qu'il a reçu dans ses visions pendant qu'il était encore auprès des siens, ne venaient pas du diable et que ce n'était qu'une illusion. Il pouvait surement conclure que ces visions étaient destinées pour une autre personne que lui. Dieu ne lui a jamais parlé de la souffrance, ni d'une vie d'esclavage. Alors pourquoi donc toutes ces difficultés ? La vision était incompatible avec la réalité. Tant des pensées négatives auraient trouvé accès libres dans l'esprit de Joseph, mais une chose de claire, ne lui a pas échappé, il savait qui il était, et il a refusé de se compromettre. Dieu savait bien ce qu'il faisait. De son trône de gloire, il a apprécié les difficultés que rencontrait Joseph. Dieu disait : tout cela est bon. Dieu est au repos, car il connait les projets qu'il a formés pour ta vie. Le diable ne peut pas faire échouer Dieu dans ta vie. Aies confiance en lui, et il agira.

Celui qui connait son identité, s'appropries de toutes les promesses de l'Eternel faites à son égard et coopère avec Dieu pour son accomplissement.

Nous avons été trop remplis de mensonges, qu'il nous est parfois difficile de croire aux vérités du Seigneur. Nous donnons crédit aux prédictions de nos parents, mais quant aux promesses de Dieu, nous les prenons souvent avec des pincettes.

Les promesses de l'Eternel, ne sont pas basées sur les circonstances, elles prennent racine en lui et prennent forme en lui. Elles ne sont jamais influencées par aucune autre décision que la sienne. Il est Maître de toutes ses promesses et ce sont nous les bénéficiaires, Dieu n'est pas obligé de le faire pour nous, mais il est obligé par son propre amour pour nous.

Comme le dirait un grand homme de Dieu : « **Dieu écrit droit sur des lignes courbes** » les embuches et les barricades sont partout sur notre chemin, mais nous avons reçu le pouvoir de les briser afin de nous frayer un passage même quand c'est difficile parfois. Si tu ne le fais pas, personne d'autre, ne viendra le faire à ta place, car tu as tout reçu ce qu'il te faut pour être ce que Dieu a dit que tu dois être. Appropries-toi de ton identité en Christ et imposes la au diable et il fuira loin de toi. Vainqueur, lèves-toi et entre dans ton héritage.

Oui, je veux morebooks!

i want morebooks!

Buy your books fast and straightforward online - at one of world's fastest growing online book stores! Environmentally sound due to Print-on-Demand technologies.

Buy your books online at
www.get-morebooks.com

Achetez vos livres en ligne, vite et bien, sur l'une des librairies en ligne les plus performantes au monde!
En protégeant nos ressources et notre environnement grâce à l'impression à la demande.

La librairie en ligne pour acheter plus vite
www.morebooks.fr

VDM Verlagsservicegesellschaft mbH
Heinrich-Böcking-Str. 6-8   Telefon: +49 681 3720 174   info@vdm-vsg.de
D - 66121 Saarbrücken   Telefax: +49 681 3720 1749 www.vdm-vsg.de

www.ingramcontent.com/pod-product-compliance
Lightning Source LLC
Chambersburg PA
CBHW020809160426
43192CB00006B/503